· (전) 해양수산부 공무원 퇴직

· (현) 해사 행정사 활동 중

· 빅데이터 플랫폼, 해양모빌리티 고문

· (주) 섬개발 주식회사 연구개발 대표

목차

—국힘당 과반선거 필독서—

국힘당이 위기이다. 과반을 차지할 수 있을까? 힘이 분산되고, 혼란이다. 공천에 힘이 다 빠진다. 전혀 방향을 못잡고 있다. 힘을 과시하고 싸우는 데만 관심이 있다. 아 과반은 물건너 갔구나!. 똑같은 선거 실수를 되풀이 하다니, 정말 한심한 일이다. 안되면 바꿔 봐야지, 같은 방식으로 하면 할수록 수렁으로 빠진다.

깊은 수렁에서 허우적거리지 말고 빠져나오자. 서비스로 바꾸자. 중앙당의 지원을 바꾸자. 최첨단 시스템으로 지원하자. 지역구가 필요한 것을 족집게로 짚어서 해 주자.

과반은 물 건너 갔으니 선거공식을 하나 만들자. 이 공식을 대입하여 공감 중심으로 공약을 바꾸어 나가면 지지율이 10% 이상 달라진다. 10%이면 10석을 더 건질 수도 있다. 포기하지 말고 바꾸자는 마음을 먹자.

지역구 활동을 지원하자. 후보별 홈페이지와 엡을 만들어 주자. 그러면 청년들과 직장인들이 참여할 수 있다. 청년 지지자 숫자가 늘어나고, 토론이 이루어지고, 다양한 의견이 반영될 수 있다. 지지자 숫자, 토론내용, 공약 실천 전략이 모두 다 남아 유권자들이 실시간으로 알 수 있다.

국힘당은 일을 열배로 할 수 있다. 가장 낮은 지지율로 정권이 출발했으니 가장 높이 올라갈 수 있다. 대표공약 하나이면 10%이상 지지율이 올라간다. 제대로 된 공약을 제시하면 꿈의 지지율 70% 지지율에 도전해 볼 수 있다. 그 공약은 여성, 청년층 공약이다. 그 공약을 찾아보자. 지지율 금맥을 찾을 수 있다.

그리고 생각을 바꾸자, 국회의원 숫자도 잊고, 여러분들이 존경하고 따랐던 전문가들도 잊자. 숫자나 지금까지의 방식은 결국 실패이다. 숫자가 아니라 콘텐츠이고 능력이다. 의원 10명이면 국힘을 바꾸는데 충분하다. 무려 100여명인데, 못 해내다니, 자패감을 버리자. "국힘당의 힘은 의원의 능력에서 나온다"로 보면 답이다. 권위와 욕심은 버리고, 초심으로 돌아가 겸손한 마음으로, 서비스 정신으로 조금만 노력하면 해결책이 분명히 보인다.

이 책에서는 대표공약과 국힘당 역량을 획기적으로 향상하는 방안에 대하여 의견을 제시한다. 아주 가까운 데서, 내부에서 답을 찾았다. TV를 가득 채우는 전문가들, 다 무시하고, 이 책 대로 하면 콘텐츠, 역량이 획기적으로 달라진다. 국힘당 공약공식을 만들었으니 이대로 3개월만 운영해 보면, 어느 선거든지 승리한다.

가장 큰 변수는 대한민국 여성과 청년들이다. 여성과 청년이 주체가 되어 플랫폼을 만들어 나라를 힘 있게 이끌게 하자. 청년이 당을 살린다고 굳게 믿자.

이 책이 국힘당의 필독서, 당 미래 지침서가 되기를 기대한다.

—시스템 공천은 허구, 하나만 바꾸자 —

쓴소리 좀 합시다. 국힘당 시스템 공천은 허구이다. 시스템은 서비스 정신에 출발한다. 함께 모이고 토론하고 해결할 수 있는 핵심 시스템이 있어야 하는 데 시스템이 없다. '정성적 평가를 정량적 지표로 평가해서 공천한다'. 이것은 서비스가 아니므로 시스템이라고 말할 수 없다. 서비스가 없으면 공천잡음만 생길 뿐이다. 이대도 가면 공천잡음으로 정치혐오만 증가시킨다.

공천잡음을 없애려면 국힘당이 서비스를 개선하면 된다. 시스템 공천에 성공하고 공천잡음이 깔끔하게 사라진다. 시스템 공천 약속을 지키는 방법은 홈페이지 하나씩 주면 끝이다. 예비후보는 홈페이지에서 시작때부터 지지자, 공약, 토론, 실시간으로 공개된다.

공심위는 예비후보에게 홈페이지를 주고 운영실적에 대하여 공천 점수 10퍼센트를 반영한다고 하면 어떻게 될까? 청년이 주역으로 나타난다. 직장인들도 홈페이지에 참여할 수 있다. 청년과 직장인의 의견을 반영해 낼 수 있다. 청년지지도는 당연히 올라간다. 예비 후보들은 중앙당 서비스가 좋아진 걸 몸소 느낀다. 선거경비도 대폭 줄어든다. 자원봉사자도 온라인으로 참여할 수 있다. 참여자도 대폭 늘어나고, 다양한 토론과 의견이 계속 이어지고, 의원은 당선되어 임기가 끝날 때까지 홈페이지를 운영할 수 있다.

예비후보에게 홈페이지 주고, 공심위 10퍼센트 반영한 것 뿐인데, 지지도가 20퍼센트 이상 올라가고, 당원이 100만 이상 늘어난다. 이것이 시스템 공천이다. 당장 후보자 홈페이지부터 만들어 주자.

페이스북 윤정수 올림

2024. 2. 26

-퍼주자, 대표 공약 바꾸기-

국힘당 대표공약이 이상하다. 1,2,3 번 공약은 잘 골랐는데, 공감이 일어나지 않는다. 마음이 움직이지 않는다. 대표공약 1번은 "유급 배우자 출산 휴가 1개월 의무화" 인데, '출산부조' 를 추가하고, 대표공약 3번이 청년 2030 "재형저축 부활" 인데 '노사정 청년 인턴 선언, 청년인턴청 설립' 을 추가하면 큰 변화가 일어난다.

공약이란 마음이다. 마음을 움직이게 해야 한다. 마음이 움직여야 거대한 공감이 일어난다. 마음은 무의식을 살짝 건드려야 한다. 무의식을 건드리지 못하는 공약은 메아리 공약에 불과하다. '퍼주자' 공약이 성공 못하는 이유이다. '애 낳으면 1억 주자' 아무리 준다고 해도 출산하지 않는다. 무의식이 바뀌지 않기 때문이다.

마음을 열어주는 공약, 무의식을 열어주는 공약은 무엇이 될까? 출산 여성의 마음부터 열어야 하고, 청년 마음부터 열어야 한다. 그러면 사회 풍조, 문화가 바뀐다.

한국인의 특성 중에서 인간 성장에 주목하자. 한국인을 이해하는 키워드는 한국인의 성장성이다. 다른 민족과 가장 다른 점이 개개인의 인간성장이다. 나는 철학자는 아니지만 한국인의 성장에 대하여 확신이 있고, 무한 성장하는 방안을 제시했다. 출산 여성, 청년도 무한 성장 하도록 도와주면 저절로 마음이 열린다.

이 책에서 제시한 대표공약을 얕보지 말자. 무의식을 건드려 여성과 청년이 무한 성장한다. 한 번 써보라. 엄청난 위력을 실감할 것이다.

페이스북 윤정수 올림 2024. 2. 26

-정치도 연구개발-

연구개발이 성황이다. 모든 분야에 기술이 들어간다. 정치도 연구개발이 필요하고 기술이 들어가야 한다. 정치에도 현대 기술을 다 쓸 수 있다. 정치에도 GPT, AI, 디지털 빅 데이터가 들어오면 정치가 달라진다. 도입하자. 약간만 적용하면 폭발적인 효과가 나타난다. 주저할 필요가 없다. 너무 늦은 감이 있다.

국힘당에 약간의 기술만 넣으면 국힘당은 과반을 훌쩍 뛰어넘을 수 있다. 도입하자.

페이스북 윤정수 올림
2024.2.26.

-자원 봉사 제도, 선관위는 뒷짐만-

선거에 자원봉사자 역할이 크다. 선관위에서 관리하고 지원해야 하는 데, 후보자에게 맡겨두고 있다. 선관위 역할은 '무엇이든지 하지말아' 심판자의 역할이 큰 것 같다. 선관위가 서비스 제공자로 돌아서서 선거 자원봉사자를 모집하고 배치하고, 기초 교육을 시키고, 교통비를 지급할 수 있다. 이외에도 선관위가 해 줄 서비스를 찾으면 정말 다양하다.

그러면 후보자는 금전적 부담 없이 훨씬 편하게 자원봉사자를 모집할 수 있다. 선거 자원봉사자도 교통비, 최저임금에 따라 보장을 받을 수 있으니, 자원봉사 활동에 적극적으로 나설 수 있다. 후불 계산이 아니라 주단위로 선관위에서 지급해야 한다.

중요한 선거를 치르는 데, 선관위는 뒷짐 지고, 선거사범 감시만 하고, 서비스는 없고, 후보자가 모든 걸 떠 맡아서 자원봉사자 구하고 교육하고 활동비까지 지원해야 하는 현 제도는 개선해야 한다. 후보자에게 모든 것을 맡기니 사고가 생긴다. 선거법 위반 사고를 줄이려면 선관위 서비스가 강화되어야 한다.

선거 사범의 책임은 서비스를 지원하지 않는 선관위의 책임이 크다. 오로지 조직에 의존하는 선거, 돈이 많이 드는 구조, 증가하는 선거 혐오증에 대한 책임은 선관위가 해결할 수 있다. 선관위가 서비스로 돌아서고 선거비 사후 지급에서 사전 지급으로 바꾸면 선거 혐오증이 크게 줄어들고, 후보자 부담이 줄어들고, 선거사범이 줄어들어 선거 축제로 바꿀 수 있다. 왜 안 바꾸나?

페이스북 윤정수 올림

2024.2.26.

-페이스북 친구, 기적-

매일 매일 페이스북을 보고 놀란다. 공감의 기적이 일어난다. 좋아요 눌러주고, 러브 이모티콘 넣고, 으샤 으샤 열심히 하세요 댓글도 달아주고, 이런 과정이 쌓이면 어느새 온라인 친구가 되고 팔로우가 된다.

홍보에도 기적이 일어난다. 비즈니스 페이스북이 있어서 페이지 하나로 홍보 기능을 한다. 상품을 팔고, 모임을 알리고, 지역과 연령대를 한정하여 동네로 할 수 있고, 설문조사도 할 수 있다.

기능을 알면 10만 팔로우, 친구를 쉽게 만들 수 있다. 반 페이지 정도 단문을 올리고, 사진 몇 장 올리면 공감을 확인할 수 있다. 처음에 적응이 어렵지만 자꾸 올리면 공감을 느낄 수 있다.

6070세대는 온라인을 믿지 않는다. 온라인으로 어떻게 사람을 아느냐? 시대는 변했다. 청년들은 온라인으로 90% 일상을 유지한다. 커피 배달, 상품구매, 동호회, 덕후들끼리 만남, 심지어 이성까지 온라인에서 만남을 시작한다. 6070 어른들은 시대가 변했고 청년들은 전혀 다르다는 것을 인정해야 한다. 6070끼리 매일 똑같은 소리만 하는 당에 누가 표를 줄 수 있나.

국힘당은 온 힘을 기울여서 청년과 격차를 좁혀야 한다. 온라인 시스템을 구축해야 한다. 그래야 청년들이 들어온다. 공감의 정치가 시작된다. 가장 가성비가 좋은 정치 시스템이다. 페이스북 기적을 맛보자.

페이스북 윤정수 올림

2024.2.26.

-22대 총선 맞이-

22대 총선은 정치사에 커다란 족적을 남길 것이다. 국가 틀이 새롭게 마련된 총선으로 전과 후가 확연하게 달라질 것이다.

2RMP 공식 적용하면 정치는 다시는 국민을 실망시키는 일도 없을 것이고, 나라가 후진하지 않는다. 2RMP은 고유한 문화인 부조, 두레, 향약문화를 바탕으로 하고, 이·세·명 칭찬과 인센티브 시스템으로 보강했고, 현대의 만능 기술인 플랫폼을 적용했기에 국민 누구나 10배, 무한대의 능력을 발휘한다.

22대 총선은 위기, 이 위기에 감사하자. 위기에는 항상 새로운 극복방법이 나온다. 위기는 극복되어진다는 공식이 적용된다. 사람들은 위기가 오면 간절해 진다. 하찮은 아이디어도 찾아서 쓰게 된다. 2RPM 공식, 이·세·명 칭찬과 인센티브 시스탬, 플랫폼까지 제시하였으니 받아 들여질 것이다.

22대 총선은 큰 위기에 닥쳤으니 위기에 감사하고 선물로 간주한다. 절대절명의 순간에 내려준 기회이니 정화수 떠 놓고 기도하는 간절한 마음으로 모두가 힘을 합쳐 위기를 기회로 대전환하는 지혜를 발휘하자.

페이스북 윤정수 올림

2024.3.1.

1부 출산여성, 청년 핵심 공약

항상 반짝반짝 빛나는 별이 되는 국회, 한반도를 비추고, 나라를 빛내고, 국민을 빛낼 수 있다. 하지만 국회가 빛을 잃었다. 패배감에 젖어 있다. 하는 일마다 실패이다. 기업, 교육, 청년, 여성을 망치는 원인으로 지목받고 있다. 도저히 출구가 보이지 않는다. 국회의 위신은 지하실 밑을 뚫어 바닥으로 끝없이 추락하고 있다.

몇몇 사람들은 선거 때만 되면 나라를 구할 것처럼 나타난다. 하지만 근본적인 것은 못 고치고, 선거에서 이기는 방법만 제시하고 몇 석 더 건지는 것에만 치중하니 땜질 처방이 되었고, 도리어 국회를 더 중환자로 만들 뿐이다.

역발상을 해보자. 국힘의 지지도가 가장 낮고, 대통령 지지도가 가장 낮게 출발했다. 그만큼 올라갈 여지가 많다. 국회의 위기를 근본적으로 고칠 수 있는 절호의 기회이다. 우리나라 현실에 맞는 국회, 차별화된 국회로 만들 수 있는 기회이다. 에라 모르겠다. 이래 욕 먹으나 저래 욕 먹으나 마찬가지, 이 참에 새로운 시도나 해보자.

국회를 근본적으로 뜯어 고쳐보자. 다른 차원의 국회로 만들자. 그 답을 청년에서 찾아보자. 청년들이 좋아하는 플랫폼을 만들어주고, 청년이 좋아하는 정책으로 밀어주고, 청년 조직도 하나 만들어 맡겨보자. 청년의, 청년에 의한, 청년을 위한 국회로 만들자.

-청년(인턴)청 구상-

국회에서는 청년법을 만들고 고용노동부 산하에 청년(인턴)청을 설립해서 30대 청년청장을 배치하여 운영하게 하자.

청년(인턴)청장은 청년 인턴 플랫폼을 만들고, 18세 이상 청년들은 플랫폼을 통해서 인턴을 지원하면, 인턴청에서 인턴 기회를 준다. 인턴 자리가 지정되면 청년은 멘토를 신청할 수 있고, 최종 멘토는 청년에게 인턴을 마무리 할 때까지 지원을 해 줄 수 있다.

청년청장은 청년인턴 플랫폼으로 신나게 일 할 수 있다. 어른들도 멘토에 참여할 수 있으니, 플랫폼은 청년과 어른들의 교류의 장이 될 수 있다. 청년들은 플랫폼을 잘 알고, 어른들은 직업을 잘 알고 있으니 청년들이 일을 잘 배워서 사회로 진출할 수 있도록 도와 줄 수 있다. 어른들도 청년으로부터 플랫폼에 대하여 배울 수 있다. 어른들은 플랫폼에서 청년들의 성장에 대한 기록을 남길 수 있으니, 플랫폼은 대한민국의 청년과 어른의 상생 협력과 성장의 장이 된다.

누가 초대 청년(인턴)청장이 되는지 보자. 1대, 2대, 3대 청년청장이 나오면 우리나라 청년들이 모이고 역량을 발휘하여 국가를 성공으로 이끌어 나갈 것이다. 국민들은 청년들의 능력에 놀랄 것이며, 청년은 더 열정적으로 사회발전에 기여할 것이다. 우리나라 청년은 사명을 주면 해낸다. 사명을 주지 않는 어른들이 문제일 뿐이다.

이 책을 10페이지까지만 읽고 나면 5070세대들의 생각이 바뀔 것이다. 청년들에게 정권을 넘겨줘도 괜찮네!

-으~앙 대한민국 아기의 탄생-

으~앙, 큰소리로 울면서 아기가 탄생한다. 산모로서 느끼는 점은 두가지이다. 무시무시한 통증과 인생에 가장 큰 기쁨. '아이고 무서워, 끔찍한 통증은 다시 겪고 싶지 않아' 라고 느끼면 다시는 아기를 낳고 싶지 않을 것이고, 그 통증을 빨리 잊고 아기를 안는 기쁨이 가득하다면 아기를 또 낳을 것이다.

산모의 무시무시한 통증은 무의식에 남는다. 신랑에게도, 가족에게도, 친구에게도 전파가 된다. '아이고 애 낳지 마라, 그렇게 아픈데, 또 키우기는 얼마나 힘드노' 본인도, 주위 사람들도 모두 이구동성으로 말한다. 출산율이 떨어지기 시작하는 지점이다. 정부는 산모 통증도 모르고 또 낳아라고 하니 스트레스이다.

또 산모는 느낀다. 남편이 밉다. 이런 고통을 산모 혼자에게 짊어지도록 안겨주다니, 야속하게 느낄 수 있다. 출산이 단순히 여성의 문제가 아니라 남성의 문제, 가정의 문제까지 확산된다.

아기 탄생, 산모의 고통부터 정년정책이 시작된다. 산모의 고통에 청년정책이 집중되어야 한다. 산모에게 통증을 잊고 기쁨을 크게 할 수 있다면, 출산율은 성공한다. 산모에게 엄청난 인센티브를 제공하여 무시무시한 공포를 이겨낼 수 있도록 하면 된다. 가장 고통스러울 때 챙겨준다면 가장 큰 기쁨이 된다. 아픔을 기쁨으로 전환할 수 있는 절호의 기회이다. 정책도 가장 효과가 크다.

산모병원 입구에 출산 축하꽃이 넘치고, 통장에 출산 부조금이 빵빵하다면, 산모는 웃을 것이다. 기쁨이 최고의 통증완화제이다. 기쁨은 무의식에 남을 것이고, 또 아기를 낳아도 좋다고 신호를 보낼 것이다.

-청년의 두뇌-

청년의 두뇌를 활기차다. 무엇이든지 하고 싶다. 일도 하고 싶고, 여행도 하고 싶고, 사회에 참여해 보고 싶어하고, 남이 못하는 것에 도전해 보고 싶다. 계속 사회에 진출하고, 도전하게 하고, 새로운 일을 하게 하여 활성화시켜야 한다. 청년 시절에 이 두뇌를 활성화시킨 청년은 평생 일을 하고 새로운 도전을 하면서 삶을 개척한다. 무한성장한다.

하지만 우리나라 청년들은 오로지 책상앞에 공부만 한다. 청년 두뇌 활동은 축소되고 도리어 부작용이 나타난다. 공부 아니면 아무것도 못하는 두뇌가 되어간다. 천재적인 두뇌가 퇴화하여 점차 청년을 못살게 하는 무의식이 일어난다.

어른들은 청년들의 뇌, 무의식 활동을 간과했다. 청년의 두뇌가 위기에 처해 있다. 어른들이 생각을 바꾸어야 한다. 청년의 두뇌가 다시 활성화될 수 있도록 인턴 기회를 주어야 한다. 인턴 기회를 활짝 여는 것이 청년들의 두뇌를 여는 것이다.

국힘당에서 청년 정책은 청년들 두뇌를 여는 방향으로 전환해야 한다. 다른 정책도 좋지만 그것은 우선 순위가 아니다. 청년들의 천재적인 두뇌를 활기차게 살리는 방향으로 대전환해야 한다. 그러면 청년들이 춤을 추고 정부를 믿고 우리나라를 이끌어 나갈 것이다. 청년들의 두뇌, 무의식이 춤을 춰야 한다.

청년들의 무의식을 바꾸지 못하는 공약은 실패작이다.

2부 국힘당 킬러공약 공식

“눈물이 난다, 아 그래, 이게 공약이지” 공약을 보면 눈물이 나야 한다. 국힘당의 대표공약은 눈물이 날 정도의 공감을 이끌어 내야 한다. 이런 공약이 아니면 실패한 공약이다. 공감이 높은 공약을 만드는 공식을 최초로 만들었다. 공식에 대입하면 대표공약이 성공할지, 실패할지 알 수 있고 공감지수가 아주 높은 대표공약을 만들 수 있다. 이렇게 만든 한국형 공약은 빛이 나고, 4년마다 한 개씩만 만들어도 국힘당은 항상 지지도를 높게 유지할 수 있다. 공약 제작소에서 공식으로 대표공약을 만들면 백발백중 공감 100%이다.

- 공 식 -

공감총지수(R)= 국가위기 지수(R)+사명감 지수(M)+동참 지수(P)
(Relation) (Risk) (Mission) (Participation)

o 공감 총지수가 높으면 한국인 DNA 작동하기 시작
- 부조, 품앗이, 두레, 향약 정신이 근간이며 한국인 특유 기질
- 성공 사례: IMF금 모으기, 새마을 운동, 이순신, 독립군, 의병

o 국가위기 지수: 국가 위험이 높은 정도,100명 설문조사
o 사명감 지수 : 사명감을 느끼는 정도를 지수화, 이 지수가 제일 중요
- 이・세・명 칭찬 시스템과 인센티브로 사명감 높일 수 있음

o 동참 지수 : 동참자 숫자를 지수화, 플랫폼으로 폭발증가 가능

IMF
o 국가위기 지수: 국가 부도, 파탄
o 사명감 지수: 나라를 구하자는 사명감을 느낌
o 동참 지수: 금붙이를 내는 데 동참하자

새마을 운동
o 국가적 위기 지수: 굶주림을 벗어나자, 잘 살아보세
o 사명감 지수: 마을을 가꾸자, 의식을 바꾸자는 사명감을 느낌
o 동참 지수: 마을 길을 넓히는 데 동참하자

-공식을 여성 출산, 청년에 적용—

공감공식을 22대 총선에 옮겨와서 출산과 청년에 적용하면 공감이 아주 높은 정책이 나온다. 출산율, 청년을 국가위기로 인식하고 공약을 만들 수 있다. 출산율과 청년에 대해서 위기라고 인식하고 있으니 국가 위기 지수는 정해졌고, 사명지수, 동참지수를 아주 높게 하려면 어떤 대표 공약이 있을까?

사명감지수, 동참지수가 높을수록 공감이 높은 데, 사명 지수는 구체적으로 사명감을 높여 줄 수 있어야 높고, 동참지수는 동참자가 많아야 높다. 출산, 청년에 대하여 지수를 세분화시키고, 대표 공약을 만들어 보자.

출산

o 국가적 위기 지수: 출산율 0.7 이하로 나라 망하겠네
o 사명감 지수: 여성이 아이를 출산하도록 사명을 갖게 하자
⇒ 이・세・명 칭찬 시스템과 인센티브 보상 적용 : 출산부조로 여성의 출산 사명감 획기적 증대 가능
o 동참 지수: 산모 기부에 동참하자, 어른들은 대부, 대모가 되자
⇒ 연말정산에 포함, 출산 알리미 플랫폼으로 동참자 획기적 증대

청년

o 국가적 위기 지수: 청년이 헬조선이래
o 사명감 지수: 청년을 사회에 조기에 진입시켜 사명을 갖게 하자
⇒ 이・세・명 칭찬 시스템과 인센티브 적용: 청년청 설립, 인턴비 지급으로 청년의 인턴 실천 사명감 획기적 증대
o 동참 지수: 청년에게 인턴기회 주자, 어른이 청년 멘토가 되자
⇒ 청년 인턴 플랫폼 운영으로 동참자 획기적 확대

-출산 부조금 천만원-

출산 부조를 1번 대표 공약으로 해보자. 우리는 부조에 익숙하니 부조문화를 공약에 넣어보자. 출산 부조를 결혼, 장례 부조문화처럼 우리 생활 속으로 들어오게만 하면 된다. 정부가 연말정산에 포함하면 많은 사람과 기업이 부조에 동참할 것이다.

산모가 출산하면, 통장으로 부조금이 들어오고 아파트 문앞이나 입원 호실 앞에 축하 꽃이 쌓여있다면, 산모의 마음은 어떨까? 뭔가 큰 일을 해 낸 것 같고, 사회에 도움을 준 것 같고, 자긍심이 올라갈 것이다. 산모의 친구는 어떨까? 긍정적인 충격을 받을 것이다. '어, 친구 보니까 엄청 행복해 보이네, 이웃으로부터 출산 기념 꽃도 받고, 통장에 돈도 들어오네, 나도 출산해야 되겠네' 라는 마음이 무의식 중에 들어간다. 여성의 출산에 대한 무의식이 바뀐다.

국가에서 할 일은 산모지원용 출산 플랫폼을 만들고, 출산 알리미 앱으로 메시지를 날려 준다. 통장번호도 물론 찍혀 있다. 가족들도 지인에게 출산을 알리고 지인들은 부조를 한다. 산모도 사명감을 느끼고, 친구, 친지들도 출산에 대하여 사명감을 느끼니 출산은 당연하고, 부조도 당연하다.

지역구 국회의원은 출산 부조를 하고, 메시지로 지역구민들에게 알려 준다. 그러면 더 많은 사람이 동참할 것이다. 국힘당에서는 출산부조를 대표공약으로 발표하니 유권자들의 칭찬이 자자할 것이다. 3년 지나면, 출산부조는 우리 문화로 들어온다. 출산율과 여성의 만족도가 올라가고, 여성이 대우받는 시대로 된다. IMF 금모으기 성공 사례와 같이 국민이 동참하여 출산 위기를 극복하는 역사를 쓰게 된다. 세계 역사에 또 한번 한국인의 위기 극복 능력을 만방에 알리게 되는 계기가 된다. 출산 위기를 부조로 극복하다니, 역시 한국은 달라!

-청년인턴 플랫폼-

현재 국힘당 대표 청년공약은 2030 청년의 재형저축 부활이다. 재형저축은 고금리 보장, 세금 감면 혜택이 있어 충분히 장점이 있지만 과거 20년전 제도라 너무 고리타분하다. 재형저축은 플랫폼과 연계할 수가 없다는 한계가 있다. 왜 대표공약인지 아쉽다.

공약을 바꾸자, '18세 이상에게 청년인턴을 제공하자', 대표공약 2번이다. 청년인턴은 청년의 사회진출에 필수적인 사다리이다. 청년인턴제도를 만들어 미래로 나아가야 한다. 청년정책은 청년이 가장 선호하는 플랫폼과 연계되면 무궁무진하게 발전할 수 있다.

청년인턴은 성공 사례도 충분하다. 독일은 아우스 빌둥으로 유명하며, 독일 국가 모델이다. 한국 청년들도 독일 아우스 빌둥을 이수하려고 독일로 유학을 많이 간다. 아우스 빌둥은 기업이 참여하여 청년들에게 인턴 기회를 제공하고, 일정한 급여를 준다. 청년에게 인턴 기회를 제공하는 것이 독일 기업의 사회적 역할로 약속되어 있다.

우리도 노사정 선언을 통하여 '청년인턴에 동참하자' 고 하면, 정부, 기업, 노조는 청년인턴 정책을 신속하게 전국으로 확산시킬 것이다. 국회는 청년인턴법을 만들고, 정부는 청년인턴 플랫폼을 만들고 청년인턴청을 신설하고, 기업은 청년인턴을 채용한다. 국힘당에서 지역구 기업에 인턴을 채용하도록 홍보하면 기업도 유권자도 칭찬이 자자할 것이다. 국회의원이 나서서 내 아들 딸 인턴기회를 알아봐 주는 데 얼마나 감동하겠는가!

청년인턴은 IMF 금모으기 성공사례와 같이 국민이 함께 동참하여 청년을 살리는 국가 모델로 세계에 큰 파장을 일으킬 것이다. 역시 한국은 위기 해결 방식이 달라!

-민생 플랫폼-

민생 플랫폼은 대표공약 3번이다. 플랫폼으로 대한민국 5천만의 민생고를 파악할 수 있다. 각 가정의 고민도 모두 파악할 수 있다. 중앙당에서는 민생 플랫폼을 만들고, 각 지역구 의원에게 운영을 맡길 수가 있다. 각 지역구는 해당 지역구의 민생을 실시간으로 파악하고, 실시간으로 해결되는 과정을 공개할 수 있다.

플랫폼은 만능이다. 집단지성, 인공지능을 모두 넣어 민생해결을 지원할 수 있다. 플랫폼을 활용하면 국힘당은 민생해결을 100배로 향상 시킬 수 있다. 플랫폼은 누구나 다 알고 있으니 국힘당에서 활용만 하면 된다.

국힘 중앙당은 조직을 디지털로 바꾸어야 한다. 디지털 조직을 확충하고, 플랫폼을 운영해야 한다. 플랫폼이 운영되면 지역구 의원들은 존경받고, 훨씬 시간이 남고, 자유로워지고, 중요한 국정에 집중할 수 있다.

1번 공약은 출산기부, 2번 공약은 청년(인턴)청 설립과 청년인턴 플랫폼 구축, 3번 공약 민생 플랫폼 구축이 완료되는 순간 대한민국은 새롭게 태어난다. 역동적인 나라가 된다.

3번 공약까지 모두 보았으면 이 책을 덮고 여행을 가셔도 좋다. 이 책의 역할은 3번 공약까지이다. 나머지 부분은 한국인의 어학두뇌, 디지털 두뇌, 칭찬법에 대한 내용이고, 1-3번 공약을 실행하는 필수 프로그램이다. 누구나 할 수 있는 것들이니 참고로 읽어보면 된다. 이미 발표했던 논문, 법안, 설계도를 정리했다.

-한국인 DNA를 부르는 사명감-
-세계역사를 만드는 한국인 성공공식-

한국인은 얼을 중시하기에 사명을 주면 불같이 해낸다. 각자에게 사명을 주는 것이 공덕 1호, 박정희 대통령 특기 1호가 사명부여, 박태준에게 포항제철, 정주영에게 현대조선소, 일반 국민은 새마을 가꾸기, 미션을 주니 혼을 일으켜 해낸다. IMF 탈출한 금모으기 성공도 개인에게 금 붙이 모아보자고 미션을 부여한 것뿐이다. 이것을 성공공식으로 만들면 우리의 보물이다.

기적의 힘이 어디서 나올까? 한민족은 얼을 중시하기에 사명을 기다리는 민족이다. 사명을 안 주면 체면이 안 선다고 말한다. 제 할 일을 안주면 얼굴이 깍이고 죽는 것보다 못하다고 느낀다. 단순히 금붙이 문제가 아니라 금붙이를 안 내면 얼굴이 깍이고, 금붙이를 내면 나라를 살리고, 얼굴이 살아나기 때문이다.

위기 때 얼은 더 빛나고 사명감은 충만해진다. 위기 강도가 높을수록 사명감은 올라간다. 참으로 특이한 인자이다. 의병으로, 독립운동으로, 두레, 향약으로 우리 몸속에 깊이 뿌리박혀 있는 DNA를 살짝 건들어 주면 사명감은 불화살이 되어 한국혼에 불을 댕긴다. 위기가 오면 한국인의 DNA에 불화살을 쏘면 된다. 꺼지지 않는 불이다. 누가 우리 민족에게 이런 특이한 DNA를 심었을까? 여성 기 살리기, 출산율 올리기, 청년 살리기, 기업 살리기에 한국인 DNA는 얼마든지 쓸 수 있다.

출산율 0.78, 0.7, 0.6......조금만 더 떨어지면 대혼란, 결혼 안 하고, 독립 안 하고, 어른들은 요양병원 가시고, 빈집이 늘어 동네는 어수선하고, 일할 청년이 없어 회사는 문을 닫으면, 아 이게 출산율 때문이구나, 정말 위기이구나 느낄 때, 출산 불화살을 당겨야 할 시기. 출산 기부운동, 출산기부 연말정산, 한번 당겨 보시죠.

22대 총선 국민의힘 대표공약

1호	저출산대책-출산장려공약 “유급 배우자 출산 휴가 1개월 의무화” ▷ 현재 배우자 유급휴가 10일→한달 ▷ 현재 육아휴직수당 150만원→210만원 ▷ 초등3년까지 유급자녀돌봄휴가(연5일)
2호	일 · 가족 모두 행복-출산장려 공약 “ 2027년까지 ‘늘봄학교’ 전면무상시행” 2027년까지 초등학생 6학년까지 늘봄 ▷ 2024년 초1, 2026년 초2,3, 2027년 초4,5,6까지 확대 ▷ 학교 밖 대학, 기업, 지역돌봄기관 운영 가능 ▷ 기존 돌봄 희망 학교→모든 희망 초등생
3호	2030청년층, 4050중장년층 대상 공약 “ 이자소득세 면제되는 재형저축 부활” ▷ 근로자 재산형성저축 제도 재도입 ▷ 비과세+고금리 혜택 ▷ 재형저축 1976년도입→1995년폐지→2013년부활→2015년 종료→2024년 부활
4호	“구도심 함께 성장” ▷ 철도지하화와 통합개발 ▷ 광역급행 열차 도입 ▷ 15분 생활권, 공원, 도시 결합 ▷ 복합문화, 스포츠 공간 확충
5호	지역모두 튼튼 공약 “지역의료 격차해소” ▷ 지역 의료인프라와 접근성 대폭 개선, 법과 제도정비 ▷ 지역 의료격차 해소 특별법’ 제정 ▷ 필수의사제 도입, 지역의료 발전기금 신설, 필수의료지원 ▷ 지방의료원 응급실, 수술실 등 필수진료과목 운영 유지 ▷ 비대면 진료 대폭 확대, 이동식 스마트 병원 도입

국힘당 국가 개조론

□ 정당 지지도

▷(정체) 지지도 40% 확보하지 못해 22대 총선 과반수 확보 적신호

□ 공약

▷(괴리) 저출산대책, 늘봄대책, 청년재형저축 부활 등 공약을 발표하고 있으나, 의식을 바꿀 수 있는 정책은 아니고, 과거방식으로 식상

□ 기본정책

▷(불일치) 출산율, 청년취업, 여성기회확대 등 국가적인 문제를 해결하기 위한 국가 목표와는 불일치로 정당 지지도 저조 원인

□ 지역구활동

▷(시스템) 지역구 활동 지원 시스템이 없어 20년 전 후진적인 지역구 관리와 동일하여 의원 능력 저조 원인, 국민 식상, 시스템 필요

□ 행동강령

▷(디지털) 사회는 디지털화 되어 가는데, 디지털 촉진 행동 강령없어 청년과 의사소통 한계, 국민의 힘 미래 지도자 육성에 한계

□ 기본정책

▷(출산) 국민전체가 장려정책에 참여할 수 없음, 아동보호, 양성평등 등 추상적인 개념으로 출산에 기여하지 못함

▷(청년) 맞춤형 직업훈련 강화, 청년 구직활동 지원, 생애주기 맞춤형 일자리 대책을 한국형 모델 추진 중이나 만족 저조

▷(민생) 일과 삶의 균형, 삶의 질 향상, 국민행복을 규정하고 있지만 애매모호하여 민생해결에 도움이 안됨, 국민과 기업 동참 저조

▷(디지털정당) 경제혁신, 플랫폼 경제로 언급하지만, 경제에 한정되어, 정치, 경제, 사회, 교육 전 분야 디지털 정당 변신 필요

□ 비상대책위원장

▷(강조) "삶의 질을 좋게 만들기 위하여 정교하고 박력있는 리더쉽"

⬇

"따라해 봐, 국힘당식 삼위일체론 적용"

♣지역구활동-중앙당기본정책-국가목표 일치, 국민만족도제고♣

국힘당 국가 개조론

□ 기본정책 개선 방향

▷(여성출산) 출산 축하 공동체 기부 제도 도입, 기부 캠페인 전개

- 『아기출산 축하부조 프로그램 구축운영』,『아기별 대부, 대모 돌보미 프로그램 구축운영』
- 출산 축하금, 축하꽃, 축하선물 부조 연말 세제 혜택
- 아기 대부, 대모 3명, 18살 때까지 지정, 공동체 육아 지원 정착

※ 출생부터 18세까지 양육비 정액 지급제 장기적 검토

▷(청년) 청년 인턴법 제정, 청년인턴청 설립, 인턴 매칭시스템 구축

- 정책 실현을 위한 노사정 합의 및 선언, 기본정책 반영
- 지역구 청년인턴 시스템 구축, 취업 지원

▷(민생)『가정별, 개인별 민생 해결 프로그램 구축·운영』

- 의원별『지역구 민생해결 플랫폼 구축·운영』
- 전국 및 지역구별 100명 전문가 위촉 민생 신속히 해결, 기본정책 반영

▷(디지털)『디지털 국가로 전환』을 기본정책 4번에 배치

- 지역구 활동 지원을 위한 시스템 구축

□『디지털 촉진 행동강령』 제정·시행, 세계 최초

▷(강령) 의원맞춤형 디지털 지원, 디지털 리더쉽을 발휘토록 촉진

- 『디지털 플랫폼 허브 국가』를 위한 의원 실천 매뉴얼 발간·배포
- 의원별 디지털 팔로우 10만명 확보 목표 제시

□ 기대효과

▷(모범) 의원 스스로 변화를 보여줌으로써 국민과 청년 모범이 됨, 총선 과반의석 확보, 정당지지도 최저 40% 회복, 윤정부 성공 초석

▷(일치) 지역구 활동, 기본정책, 국가 목표 일치로 국정운영효율 제고, 민생 신속히 해결로 국민만족도 상승

▷(지지도) 국민만족도 상승, 정당지지도 상승, 대통령 지지도 상승 선순환 사이클 진입, 안정적인 국정 운영, 21세기 국가 성공 모델로 정착

▷(가정) 여성의 출산 의식 변화로 출산율 상승, 청년 주머니 두둑해짐으로써 조기 독립, 가계지출 감소, 청년 사회변화 주도, 미래 성장동력

-국민의힘 기본정책과 삼위일체-

국힘당 모든 힘은 기본정책에서 나온다. 국힘당은 10대 기본정책을 추진하고 있는 데, 여성 출산율, 청년, 민생문제에 대하여 불명확하게 언급되어 있다. 구체적으로 대응책이 제시되어야 한다. 기본정책 순서도 중요한 순서로 배치해야 한다. 출산율, 청년이 가장 큰 문제로 인식한다면, 여성, 청년을 1, 2번에 배치해야 한다. 3번은 민생플랫폼 순서로 되어야 한다.

지역구 활동도 기본정책 순서대로 출산기부, 청년인턴, 민생플랫폼에 집중해야 한다. 기업과 인턴 협약을 체결하고, 민생 파악 플랫폼을 운영할 수 있다.

그러면 국가의 목표는 이미 출산 장려, 청년 취업에 엄청난 예산이 들어가고 있으니, 국힘당 기본정책과 지역구 활동만 일치시키면 된다. 이것이 삼위일체 이론이다. 효과로는 국가 목표, 국힘 기본정책, 지역구 활동이 일치되어 출산율이 나아지고, 청년 만족도가 올라가고, 민생이 신속히 해결된다. 당연히 지지도는 가시적으로 상승한다.

-삼위 일체론-
중앙당과 지역구활동을 국가목표와 일치시키면 당운영 효율은 획기적으로 높아지고, 운영비가 획기적으로 절감될 수 있다. 플랫폼 구축하여 지원하면 효과 100배로 증가 시스템 구축하면 삼위일체 여부를 실시간으로 체크 가능

-디지털 플랫폼 행동강령-

디지털 플랫폼은 만능이다. 국회의원이 모두 매일 사용해야 한다. 그러면 세상이 바뀐다. 디지털 플랫폼에서 할 일이 너무나 많다. 자나깨나 디지털 플랫폼 이야기만 하고 다니면, 지지도가 올라간다. 청년들 지지도가 쭉쭉 올라간다. 출산 알리미 앱에서 동네 아기 태어난 것 알려주고, 청년 인턴 플랫폼에서 청년들 인턴 소개해 주고, 민생 플랫폼에서 매일 댓글만 달아도 지지도는 쭉쭉 올라간다. 얼마나 지지도 올리기 쉬운가! 이것이 바로 디지털 의정활동이다. 가장 가치가 높은 콘텐츠에서 활동하고 있으니, 이 모든 것은 세계 최초이니, 그 활동 자체가 세계적인 뉴스 꺼리다.

요즈음 휴대폰에서 쇼핑을 하고, 정보를 구하고, 직업도 구한다. 플랫폼 시대이다. 국민의 힘 내부의 디지털 촉진에 대하여 강령을 별도로 제정하고, 기본정책에도 반영하고, 여성출산, 청년인턴, 민생 플랫폼을 운영할 수 있다.

디지털 촉진 행동강령의 목표는 국회의원 1인당 민생플랫폼을 반드시 운영해야 하고, SNS 계정을 오픈하여 10만명 팔로워를 확보하는 것이다. 100명의 자문 전문가도 지원할 수 있다. 지역구민이 민생을 시스템에 올리면 해당 분야 전문가가 문제를 파악하고 해결에 도움을 줄 수 있다. 국회의원이 앞장서니, 민생해결에 속도가 붙는다. 1, 2년이 지나면 국회의원은 디지털 리더가 되어, 국민과 소통 잘하고, 문제 해결의 중심에 서게 된다. SNS계정 10만 팔로워 확보한다. 국회 디지털 보좌관이 운영한다. 전부 뉴스 꺼리이다.

디지털 촉진 행동강령은 의원들이 디지털 리더가 되도록 지원하는 구체적인 매뉴얼이 될 것이다. 국회의원들은 따라만 하면 쉽게 디지털 리더가 될 수 있다. 국회의원이 솔선수범하면 보좌관들이 디지털로 민생을 파악하고, 각 지자체로 전달하여 민생 해결속도가 신속해진다. 국회의원의 솔선수범 효과는 매우 클 것이며, 우리 사회의 디지털화를 촉진시킬 수 있다. 국회의원을 바라보는 시선이 확 달라지며, 정치는 삼류라는 조롱은 사라지고, 정치가 국가와 사회를 바꾸는 원동력으로 전환될 수 있다. 국회의원의 능력이 올라가면 사회, 국가는 무한으로 발전하는 탄력이 생긴다. 자전거 타고 다니며 국회의정활동을 하는 여유로운 국회의원 모습을 볼 날이 온다.

- 010-2701-5569 -

카톡 주세요*^*

♣ 전화 하세요 ♣

해결해 드릴게요

큰 미션, 아주 큰 미션을 주세요.

국힘당 과반은 가장 쉬워요

한국형 국가모델, 공감 모델 드릴게요

-한국인 DNA 불화살-

한국인 불화살은 백발 백중 신궁이다.

과거에는 침략자들의 머리를 꿰뚫어 쫓아냈다.
한국인 혼을 보지 못하고
약한 줄 알고 침략했다가 혼줄이 났다. 한반도를 욕심내는
나라에는 어김없이 불화살이 날아간다.

현대에는 외국인들 가슴에 혼을 쏜다. 한국인 혼 불화살을
맞으면 백발백중, 오매불망 한시도 한국을 잊지 못한다.
자나깨나 한국 생각이다. 한국 앓이를 한다.

한국인 불화살은 한국인표 DNA,
무적 불화살, 만능 불화살, 스포츠 불화살, 문화예술 불화살,
사방팔방으로 날아간다.

날리기만 하면 백발백중 신궁이다.

3부 나의 소망, 아름다운 대한민국 국가 모델

우리나라는 한국인 개인 능력과 국가 효율이 비례하는 유일한 나라이다. 개인 능력만 발휘하게하면 모든 문제는 해결된다. 반대로 개인능력을 발휘하지 못하게 규제하면, 그 때부터 저항하기 시작한다. 앞에서는 국회의원 개인능력 발휘하게 하는 법, 국힘당에서 잠재력이 뛰어난 국회의원의 능력을 극대화하도록 시스템을 지원하자고 정리를 하였으며, 국회의원 능력이 올라오면 사회, 국가가 저절로 바뀌는 공약에 대하여 정리했다.

여기부터는 영어 두뇌로 바꾸는 방법, 남을 칭찬하는 두뇌로 바꾸는 방법, 나아가서 국가 전체의 상상력을 충만하게 하는 방법을 제시해 본다.

나의 소망은 한국인 두뇌를 바꾸는 일이다. 두뇌를 바꾸는 일은 재미있다. 자기계발서가 서점에 넘쳐난다. 어느 책을 읽어보아도 두뇌를 바꿀 수 있는 원리는 없다. 한국인의 독특한 두뇌를 바꿀 수 있는 책, 한국인에게 맞는 책, 한국인 두뇌를 정확하게 아는 책은 없다. 나는 한국인의 두뇌를 정확히 아는 책, 한국인의 두뇌를 증명할 수 있는 책, 진정으로 한국인 두뇌를 바꾸는 책을 정리해 주고 싶다. 그것은 한국인의 무의식을 바꾸는 것이다. 무의식을 바꾸면 개인의 능력이 극대화되어 천재가 된다. 참으로 재미있는 나라이다.

굳이 개인 능력 극대화를 정리해 두는 것은 누구나 할 수 있는 일이며, 그 능력이 국가 모델이 되는 일이기 때문이다. 여기서 정리해둔 내용들을 학교에서, 기업에서, 국가에서 채택하기만 하면 그 효과는 무궁무진하다. 내가 체험한 일이기에,

-천재영어, 3·3·3 이니셜 영어-

이 방법은 내가 체험한 영어학습법. 아무리 영어를 공부해도 영어가 늘지 않아, 내 나름대로 방법을 개발했다. 20살 때 배웠는데, 30년이 지난 50대 이후에도 영어를 제대로 할 수 있었다. 그래서 그 방법을 책으로 발간했다.

근본적으로 영어를 잘하는 방법은 영어 두뇌로 바꾸는 일이다. 문법, 영어회화, 단어를 따로 배워야 하니 두뇌가 괴롭다. 어순대로 정리하여 이니셜을 붙이고 계속 읽어주면, 두뇌가 영어식으로 바뀐다. 한번 영어식으로 바뀐 두뇌는 외국인을 만나면 순식간에 영어에 적응하여 따라갈 수 있다.

이 방식으로 중학교, 고등학교 총 6년만 공부하고 나면, 영어는 평생 사용할 수 있다. 10대 시절에 영어 두뇌를 열어 두었으니 항상 열려 있는 상태로 두뇌는 발전한다. 다른 언어인 프랑스, 독일어도 이 방식으로 적용할 수 있다. 한번 바뀐 두뇌는 무의식을 사용하는 두뇌로 발전하였으니 상상력, 예측력이 발전하여 다른 분야를 학습하는 능력도 크게 발전할 수 있다. 무의식에 숨어 있던 잠재력을 건드려 주었으니, 성장 발판이 마련된 것이다. 제가 개발한 무의식 두뇌 성장법이 영어에서 가장 쉽게 증명될 수 있다.

이니셜 영어 활용 방법은 국힘에서 검증하여 교육 공약으로 채택할 수 있다. 단순이 영어가 아니라 프랑스어, 독일어, 중국어 모든 언어에 적용할 수 있다.

부산시를 영어교육 허브로 지정하고 실험해보자. 부산의 전 학교는 영어 필수 과목을 지정하여 영어로 강의할 수 있다. 선생님들은 이니셜 영어를 접하기만 하면 영어 강의는 누구나 할 수 있다. 선생님용 이니셜 영어 센터를 만들어 운영해 보자. 부모님, 학생들 만족도에 대박이다.

-칭찬 이·세·명 신상원 설립-

한국인 개인능력을 높이는 방법은 또하나 더 있다. 칭찬이다. 국가적으로 신상원을 설립하여 운영하면 대한민국 모든 국민을 칭찬할 수 있다. 신상필벌, 삼성에서는 필벌은 빼고 신상을 활용하여 세계 최고 기업으로 만들었다. 박대통령도 돈내기 신상정책을 많이 활용하였고, 새마을 운동에서 잘하는 마을에는 시멘트를 더 보내는 방식으로 신상정책을 활용하여 새마을 운동을 성공시켰다. 사람들은 쉽게 새마을 운동이 성공했다고 생각하는 데 그렇지 않다. 박정희대통령의 신상정책이 없었다면 새마을운동은 중단되었을 것이다. 신상정책은 정책추진에서 가장 중요한 요소이다.

신상원은 헌법상 감사원 위에 둘 수 있다. 플랫폼을 만들면 모든 국민의 사회기여도 점수를 실시간으로 측정할 수 있다. 그 점수에 근거하여 각 분야별 우수자를 뽑아서 매년 100명에게 10억씩 주는 제도이다. 100명이면 1000억원의 예산이 필요하다. 10억씩 주는 것을 이(利), 분들에게 공공기관을 맡기는 것을 세(勢), 명예의 전당에 올려서 사람들에게 널리 알리도록 관광지로 만드는 것을 명(名), 토탈 칭찬 방법이다. 자신의 분야에서 최선을 다하면 국가가 알아서 평가해주고, 팔자 고치도록 해주는 토탈 칭찬시스템이다.

성공 사례로는 이미 삼성이 사용하고 있으니 나라에서 가져다 쓰기만 하면 된다. 우리나라에서만 적용할 수 있는 개인 능력 극대화 시스템이자 국가 효율 향상 시스템이다. 나의 책은 2014년애 발간되어 서점에서 꾸준히 판매 중이다. 대한민국 헌법상 조직으로 감사원 앞에 신상원을 둬야 한다고 언급한 세계 최초의 책이다. 신상원을 두면 한국인 두뇌, 무의식이 바뀌는 일이니, 얼마나 그 효과가 엄청 나겠는가!

세계 최초 신상원법(안)

신상원

제1장 조직
제1절 총칙

제1조(목적) 이 법은 신상원의 조직, 직무 범위, 신상위원의 임용자격, 신상대상 기관 및 공무원의 범위와 그 밖에 필요한 사항을 규정함을 목적으로 한다.

제2조(지위) ① 신상원은 대통령에 소속하되, 직무에 관하여는 독립의 지위를 가진다.
② 신상원 소속 공무원의 임용, 조직 및 예산의 편성에 있어서는 신상원의 독립성이 최대한 존중되어야 한다.

제3조(구성) 신상원은 신상원장(이하 "원장"이라 한다)을 포함한 7명의 신상위원으로 구성한다.

제4조(원장) ① 원장은 국회의 동의를 받아 대통령이 임명한다.
② 원장은 신상원을 대표하며 소속 공무원을 지휘하고 감독한다.
③ 원장이 궐위(闕位)되거나 사고(事故)로 인하여 직무를 수행할 수 없을 때에는 신상위원으로 최장기간 재직한 신상위원이 그 권한을 대행한다. 다만, 재직기간이 같은 신상위원이 2명 이상인 경우에는 연장자가 그 권한을 대행한다.
④ 원장의 자문에 응하게 하기 위하여 신상원에 자문기관을 둘 수 있다.
⑤ 제4항에 따른 자문기관의 구성 및 운영에 관한 사항은 신상원규칙으로 정한다.

제2절 신상위원

제5조(임명 및 보수) ① 신상위원은 원장의 제청으로 대통령이 임명한다.
② 신상위원은 정무직으로 하고 그 보수는 차관의 보수와 같은 액수로 한다. 다만, 원장인 신상위원의 보수는 국무총리의 보수와 국무위원의 보수의 범위에서 대통령령령으로 정한다.
제6조(임기 및 정년) ① 신상위원의 임기는 4년으로 한다.
② 신상위원의 정년은 65세로 한다. 다만, 원장인 신상위원의 정년은 70세로 한다.
제7조(임용자격) 신상위원은 다음 각 호의 어느 하나에 해당하는 사람 중에서 임명한다.
1. 「국가공무원법」 제2조의2에 따른 고위공무원단(제17조의2에 따른 고위감사공무원단을 포함한다)에 속하는 공무원 또는 3급 이상 공무원으로 8년 이상 재직한 사람
2. 판사 · 검사 · 군법무관 또는 변호사로 10년 이상 재직한 사람
3. 공인된 대학에서 부교수 이상으로 8년 이상 재직한 사람
4. 「자본시장과 금융투자업에 관한 법률」 제9조제15항제3호에 따른 주권상장법인 또는 「공공기관의 운영에 관한 법률」 제5조에 따른 공기업이나 이에 상당하다고 인정하여 감사원규칙으로 정하는 기관에서 20년 이상 근무한 사람으로서 임원으로 5년 이상 재직한 사람

제8조(신분보장) ① 신상위원은 다음 각 호의 어느 하나에 해당하는 경우가 아니면 본인의 의사에 반하여 면직되지 아니한다.
1. 탄핵결정이나 금고 이상의 형의 선고를 받았을 때
2. 장기(長期)의 심신쇠약으로 직무를 수행할 수 없게 된 때
② 제1항제1호의 경우에는 당연히 퇴직되며, 같은 항 제2호의 경우에는 신상위원회의 의결을 거쳐 원장의 제청으로 대통령이 퇴직을 명한다.

제9조(겸직 등의 금지) 신상위원은 재직 중 다음 각 호의 어느 하나의 직을 겸하거나 영리를 목적으로 하는 사업을 할 수 없다.
1. 국회 또는 지방의회의 의원의 직
2. 행정부서의 공무원의 직
3. 이 법에 따라 감사의 대상이 되는 단체의 임직원의 직
4. 그 밖에 보수를 받는 직

제10조(정치운동의 금지) 신상위원은 정당에 가입하거나 정치운동에 관여할 수 없다.

제3절 신상위원회의

제11조(의장 및 의결) ① 신상위원회의는 원장을 포함한 신상위원 전원으로 구성하며, 원장이 의장이 된다.
② 신상위원회의는 재적 신상위원 과반수의 찬성으로 의결한다.
제12조(의결사항) ① 다음 각 호의 사항은 신상위원회의에서 결정한다.
1. 신상원의 신상정책 및 주요 신상계획에 관한 사항
2.

② 제1항제5호ㆍ제7호ㆍ제8호ㆍ제10호 및 제11호의 사항 중 경미한 것으로서 신상원규칙으로 정하는 사항은 원장이 처리한다.

제12조의2(분과위원회 등) ① 신상위원회의에는 분과위원회 및 소위원회를 둘 수 있다.
② 제1항에 따른 분과위원회 및 소위원회의 구성과 운영에 관한 사항은 신상원규칙으로 정한다.

제13조(의안의 작성 등) ① 사무총장은 원장의 명을 받아 의안(議案)을 작성하고 신상위원회의에 출석하여 의안을 설명하고 의견을 진술하며 회의에 관한 사무를 처리한다.
② 의안과 관계있는 직원은 신상위원회의의 승인을 받아 신상위원회의에 출석하여 의견을 진술할 수 있다.

제13조의2(관계인의 확인) 신상위원회의는 신상을 심의하려는 경우에는 신상원규칙으로 정하는 바에 따라 관계인에게 서면, 전자문서 또는 구술로 공적 확인에 대하여 증명해 줄 기회를 주어야 한다.

제14조(증인과 감정인) ① 신상위원회의는 포상자 심의에 필요하다고 인정하면 포상자에 관계된 사람을 출석시켜 공적내용을 확인할 수 있으며, 학식ㆍ

경험이 있는 자에게 공적 확인을 하도록 위촉할 수 있다.

제15조(신상위원의 제척) ① 신상위원은 다음 각 호의 사항에 관한 심의에 관여할 수 없다.
1. 자기와 관계있는 사항
2. 친족관계가 있거나 이러한 관계가 있었던 사람과 관계있는 사항
3. 신상위원이 해당 안건과 관계있는 사람의 공적확인 또는 공적 감정인으로 된 사항
4. 신상위원이 신상위원으로 임명되기 전에 공적확인에 관여한 사항

② 신상위원이 포상자 대상이 되었을 때에는 그 신상의 결정될 때까지 그 권한 행사가 정지된다.

제4절 사무처

제16조(직무 및 조직) ① 원장의 지휘 · 감독하에 신상에 필요한 회계검사, 확인, 심사결정 및 신상원에 관한 행정사무를 처리하기 위하여 신상원에 사무처를 둔다.
② 사무처에 실장 · 국장을 두되 필요한 경우에는 그 밑에 신상원규칙으로 정하는 보조기관을 둘 수 있다. 이 경우 실장 · 국장의 명칭은 신상원규칙으로 정하는 바에 따라 본부장 · 단장 · 부장 · 팀장 등으로 다르게 정할 수 있으며, 명칭을 다르게 정한 보조기관은 이 법을 적용할 때 실장 · 국장으로 본다.
③ 제2항에 따른 실장 · 국장, 그 밖의 보조기관의 설치와 사무분장은 신상원규칙으로 정한다.
④ 원장 · 사무총장 · 실장 · 국장 밑에 정책의 기획, 계획의 입안, 연구 · 조사, 심사 · 평가 및 홍보 등을 통하여 그를 보좌하는 보좌기관을 신상원규칙으로 정하는 바에 따라 둘 수 있다.

제16조의2(개방형 직위) ① 원장은 다음 각 호의 어느 하나의 직위에 대하여는 개방형 직위로 지정하여 운영할 수 있다.
1. 전문성이 특히 요구되어 공직 내부 또는 외부에서 적격자를 임용할 필요가 있는 직위
2. 효율적인 업무수행을 위하여 공직 내부 또는 외부에서 적격자를 임용할

필요가 있는 직위

② 원장은 제1항에 따른 개방형 직위에 대하여는 직위별로 직무의 내용ㆍ특성 등을 고려하여 직무수행 요건을 설정하고 그 요건을 갖춘 사람을 임용하거나 임용제청하여야 한다.

③ 개방형 직위를 지정 또는 변경하기나 직위별 직무수행 요건을 설정 또는 변경하려는 경우에는 신상위원회의의 의결을 거쳐야 한다.

④ 개방형 직위의 운영 등에 관하여 필요한 사항은 신상원규칙으로 정한다.

第16조의3(공모 직위) ① 원장은 업무를 효율적으로 수행하기 위하여 신상원 내부 또는 외부의 공무원 중 적격자를 임용할 필요가 있는 직위는 공모 직위로 지정하여 운영할 수 있다.

② 원장은 제1항에 따른 공모 직위에 대하여는 직위별로 직무의 내용ㆍ특성 등을 고려하여 직무수행 요건을 설정하고 그 요건을 갖춘 사람을 임용하거나 임용제청하여야 한다.

③ 공모 직위를 지정 또는 변경하거나 직위별 직무수행 요건을 설정 또는 변경하려는 경우에는 신상위원회의의 의결을 거쳐야 한다.

④ 공모 직위의 운영 등에 관하여 필요한 사항은 신상원규칙으로 정한다.

第17조(직원) ① 사무처에 사무총장 1명, 사무차장 2명과 그 밖에 필요한 직원을 둔다.

② 직원의 정원은 예산의 범위에서 대통령의 승인을 받아 신상원규칙으로 정한다.

第17조의2(고위신상공무원단의 구성ㆍ운영) ① 고위신상공무원의 인사관리를 효율적으로 함으로써 감사의 전문성과 책임성을 높이기 위하여 고위신상공무원단을 구성한다.

② “고위신상공무원단”이란 다음 각 호의 군(群)을 말한다.

1. 직무의 곤란성과 책임도가 높은 신상원 사무차장ㆍ신상교육원장ㆍ신상연구원장ㆍ실장ㆍ국장
2. 제1호에 상당하는 보좌기관
3. 신상원규칙으로 고위신상공무원단에 속하는 공무원으로 임명하도록 정한 직위에 임용되어 재직 중이거나 파견ㆍ휴직 등으로 인사관리되고 있는 일반직공무원ㆍ별정직공무원

③ 원장은 고위신상공무원단에 속하는 공무원의 능력과 자질을 설정하고 이

를 기준으로 고위신상공무원단 직위에 임용되려는 공무원을 평가하여 고위신상공무원단 직위에의 신규채용, 승진임용 등 인사관리에 활용할 수 있다.
④ 제2항에 따른 인사관리의 구체적 범위, 제3항에 따른 능력과 자질의 내용, 평가대상자의 범위, 평가방법 및 평가 결과의 활용 등에 관하여 필요한 사항은 신상원규칙으로 정한다.
⑤ 제1항 및 제2항에 따라 구성된 고위신상공무원단에 대하여 이 법에 특별한 규정이 있는 경우를 제외하고는 「국가공무원법」의 고위공무원단 관련 규정을 준용한다. 이 경우 "고위공무원단"은 "고위신상공무원단"으로 본다.

제17조의3(적격심사) ① 고위신상공무원단에 속하는 일반직공무원은 다음 각 호의 어느 하나에 해당하는 경우에는 고위신상공무원으로서 적격한지 여부를 심사(이하 "적격심사"라 한다) 받아야 한다.
1. 근무성적평정에서 최하위 등급의 평정을 총 2년 이상 받은 경우
2. 신상원규칙으로 정하는 정당한 사유 없이 직위를 부여받지 못한 기간이 총 1년이 된 경우
4. 다음 각 목의 경우에 모두 해당할 경우
가. 근무성적평정에서 최하위 등급의 평정을 1년 이상 받은 경우
나. 신상원규칙으로 정하는 정당한 사유 없이 6개월 이상 직위를 부여받지 못한 경우
5. 제3항 단서에 따른 교육훈련 또는 연구과제 등의 평가결과가 미흡한 경우
② 적격심사는 제1항 각 호의 어느 하나에 해당하게 된 경우부터 6개월 이내에 실시하여야 한다.
③ 적격심사는 근무성적, 능력 및 자질에 대한 평정에 따르되, 고위신상공무원의 직무를 계속 수행하는 것이 곤란하다고 판단되는 사람을 부적격자로 결정한다. 다만, 교육훈련 또는 연구과제 등을 통하여 근무성적 및 능력의 향상이 기대되는 사람은 조건부 적격자로 결정할 수 있다.
④ 제3항 단서에 따른 조건부 적격자의 교육훈련 및 연구과제 등에 관한 평가 방법 · 절차 등 필요한 사항은 신상원규칙으로 정한다.
⑤ 적격심사를 위하여 신상원에 고위신상공무원단 적격심사위원회를 둔다.
⑥ 고위신상공무원단 적격심사위원회는 신상원 소속 정무직공무원, 고위신상공무원단에 속하는 공무원, 원장이 위촉하는 외부 인사 등 5명 이상으로 구성하며 위원장은 신상원 소속 정무직공무원 중 원장이 지명한 사람이 된다.
⑦ 고위신상공무원단 적격심사위원회의 구성 · 운영 및 적격심사 결과의 활

용 등에 관하여 필요한 사항은 신상원규칙으로 정한다.

第18조(직원의 임용) ① 사무총장, 고위신상공무원단에 속하는 공무원 및 4급 이상의 공무원은 신상위원회의의 의결을 거쳐 원장의 제청으로 대통령이 임용한다. 다만, 전보 · 파견 · 휴직 · 복직 등 신상규칙으로 정하는 사항에 대해서는 신상위원회의의 의결을 거치지 아니한다.
② 5급 공무원은 원장의 제청으로 대통령이 임용하며, 6급 이하의 공무원은 원장이 행한다.
③ 대통령은 제1항 및 제2항에 따른 임용권의 일부를 원장에게 위임할 수 있다. 이 경우 위임의 범위에 대해서는 「국가공무원법」 제32조제3항 및 공무원 임용 관계 법령을 준용한다.
④ 신상원 소속 직원의 인사사무감사는 「국가공무원법」 제17조제1항에도 불구하고 원장의 명을 받아 사무총장이 실시하고, 감사 결과는 감사원이 정하는 바에 따라 처리한다.

第18조의2(징계위원회의 설치 등) ① 신상원 소속 직원의 징계처분을 의결하기 위하여 신상원에 징계위원회를 두되, 징계위원회의 구성, 종류, 권한, 심의절차, 그 밖에 필요한 사항은 신상원규칙으로 정한다.
② 직원의 징계는 징계위원회의 의결을 거쳐 원장이 한다. 다만, 고위신상공무원단에 속하는 공무원 또는 5급 이상의 직원에 대한 파면 및 해임은 징계위원회의 의결을 거쳐 원장의 제청으로 대통령이 하되, 제18조제3항에 따라 그 권한을 원장에게 위임할 수 있다.

第19조(사무총장 및 사무차장) ① 사무총장은 정무직으로, 사무차장은 일반직으로 한다.
② 사무총장은 원장의 명을 받아 사무처의 사무를 관장하며 소속 직원을 지휘하고 감독한다.
③ 사무차장은 사무총장을 보좌하고 사무총장이 사고로 인하여 직무를 수행할 수 없을 때에는 그 직무를 대행한다.
④ 사무총장의 봉급은 차관의 봉급과 같은 액수로 하고, 사무차장의 봉급은 차관보의 봉급과 같은 액수로 한다.

第5절 신상 플랫폼

第20조(플랫폼 구축) ① 행정부, 공공기관에서 신상을 촉진하도록 신상에 관한 플랫폼 구축을 권고할 수 있다.
② 신상 플랫폼은 개인의 공적을 알 수 있도록 설계되어야 한다.
③ 신상원에도 신상 플랫폼을 구축할 수 있다.

第21조(플랫폼 운영) ① 행정부, 공공기관의 신상 플랫폼은 전문가에 의하여 운영되어야 하며, 운영팀을 별도로 둘 수 있다.
② 신상 플랫폼은 개인의 공적을 알 수 있도록 설계되어야 한다.

第22조(플랫폼 평가) ① 신상원은 행정부, 공공기관이 운영하는 신상 플랫폼을 평가할 수 있다.
② 신상원은 신상 플랫폼 평가를 위하여 평가 위원회를 둘 수 있다.

제6절 신상 교육원

第23조(직무 및 조직) ① 신상원 소속 직원 및 이 법에 따른 신상대상 기관의 신상 종사자에 대한 교육을 위하여 신상원에 신상교육원을 둔다.
② 신상교육원의 조직과 운영에 필요한 사항은 신상원규칙으로 정한다.

第24조(직원) ① 신상교육원에 교육원장 1명과 그 밖에 필요한 직원을 둔다.
② 교육원장은 고위신상공무원단에 속하는 일반직공무원으로 임명한다.

제7절 신상연구원

第25조(직무 및 조직) ① 신상대상 기관의 주요 정책ㆍ사업ㆍ기관운영 등의 회계검사, 성과감사 및 신상 평가와 관련된 신상제도 및 방법 등을 연구하고 개발하기 위하여 신상원에 신상연구원을 둔다.
② 신상연구원은 각종 신상제도와 방법에 관한 조사ㆍ연구 등 감사 인프라의 구축에 관한 지원을 할 수 있다.
③ 신상연구원의 조직과 운영에 필요한 사항은 신상원규칙으로 정한다.

第26조(직원) ① 신상연구원에 연구원장 1명과 그 밖에 필요한 직원을 둔다.
② 연구원장은 고위신상공무원단에 속하는 일반직공무원으로 임명한다.

제2장 권한

제1절 총칙

제27조(임무) 신상원은 국가의 신상정책을 확인하고, 이 법 및 다른 법률에서 정하는 신상을 상시 확인 · 감독하여 그 적정을 기하며, 행정기관 및 공무원의 포상을 실시하여 행정 운영의 개선과 항상을 기한다.

제2절 신상의 확인 및 신상확인의 범위

제28조(신상결과의 확인) 신상원은 행정부, 공공기관의 신상 결과를 확인한다
제22조(확인사항) 신상원은 다음 각 호의 사항을 확인한다.
1. 국가의 신상
2. 지방자치단체의 신상과 관련된 회계
3. 공공기관의 신상
4. 다른 법률에 따라 신상원의 신상결과를 확인받도록 규정된 단체 등의 회계

제3절 신상확인의 범위

제23조(확인 사항) ① 신상원은 공적 확인을 위하여 다음 각 호의 사항을 확인한다.
1. 「정부조직법」 및 그 밖의 법률에 따라 설치된 행정기관의 사무와 그에 소속한 공무원의 직무
2. 지방자치단체의 사무와 그에 소속한 지방공무원의 직무
3. 공공기관 소속 임원 및 신상원의 확인대상이 되는 직원의 직무
4. 법령에 따라 국가 또는 지방자치단체가 위탁하거나 대행하게 한 사무와 그 밖의 법령에 따라 공무원의 신분을 가지거나 공무원에 준하는 자의 직무

② 제1항제1호의 행정기관에는 군기관과 교육기관을 포함한다.
③ 제1항의 공무원에는 국회 · 법원 및 헌법재판소에 소속한 공무원을 포함한다.

제4절 신상확인 방법

제25조(계산서 등의 제출) ① 신상원은 공적확인을 위하여 신상원 규칙으로 정하는 바에 따라 계산서 · 증거서류 및 그 밖의 자료를 신상원에 제출(「정

보통신망 이용촉진 및 정보보호 등에 관한 법률」에 따른 정보통신망을 이용한 제출을 포함한다. 이하 같다)하여야 한다.
② 제1항의 계산서 및 공적 확인 서류 이외에 이를 갈음하여 신상원이 지정하는 다른 자료를 제출할 수 있다.

第26조(서면확인 · 실지확인) 신상원은 제25조에 따라 제출된 서류에 의하여 상시 서면확인을 하는 외에 필요한 경우에는 직원을 현지에 파견하여 실지(實地)확인을 할 수 있다.

第27조(출석답변 · 자료제출 · 봉인 등) ① 신상원은 신상에 필요하면 다음 각 호의 조치를 할 수 있다.
1. 관계자 또는 신상사항과 관련이 있다고 인정된 자의 출석 · 답변의 요구(「정보통신망 이용촉진 및 정보보호 등에 관한 법률」에 따른 정보통신망을 이용한 요구를 포함한다. 이하 같다)
2. 증명서, 확인서서, 그 밖의 관계 문서 및 장부, 물품 등의 제출 요구
3. 창고, 금고, 문서 및 장부, 물품 등의 봉인
② 신상원은 이 법에 따른 신상확인을 위하여 필요하면 다른 법률의 규정에도 불구하고 인적 사항을 적은 문서(「정보통신망 이용촉진 및 정보보호 등에 관한 법률」에 따른 전자문서를 포함한다. 이하 같다)에 의하여 금융기관의 특정 점포에 금융거래의 내용에 관한 정보 또는 자료의 제출을 요구할 수 있으며, 해당 금융기관에 종사하는 자는 이를 거부하지 못한다.
③ 제1항제3호에 따른 봉인 및 제2항에 따른 금융거래의 내용에 관한 정보 또는 자료의 제출 요구는 신상에 필요한 최소한도에 그쳐야 한다.
④ 제2항 및 제3항에 따라 금융거래의 내용에 관한 정보 또는 자료를 받은 자는 그 정보 또는 자료를 다른 사람에게 제공 또는 누설하거나 해당 목적 외의 용도로 이용하여서는 아니 된다.
⑤ 신상원은 신상을 위하여 제출받은 개인의 신상이나 사생활에 관한 정보 또는 자료를 해당 감사 목적 외의 용도로 이용하여서는 아니 된다. 다만, 본인 또는 자료를 제출한 기관의 장의 동의가 있는 경우에는 그러하지 아니하다.

제5절 신상 결과의 처리

第28조(신상 요구 등) ① 신상원은 신상 사유에 해당할 경우, 신상 확인서를

발부해야 하며, 신상공무원에 대하여 그 소속 장관 또는 임용권자에게 신상을 요구할 수 있다.
② 제1항에 따른 신상 요구를 받은 소속 장관 또는 임용권자는 그 요구를 받은 날부터 10일 이내에 해당 신상위원회 등(이하 "신상위원회등"이라 한다)에 그 의결을 요구하여야 하며, 그 의결이 있은 날부터 15일 이내에 신상원에 통보하여야 한다.
③ 신상원은 제1항에 따라 신상 요구를 한 사항이 신상 의결이 되지 아니한 경우에는 제2항의 통보를 받은 날부터 1개월 이내에 해당 신상위원회등이 설치된 기관의 바로 위 상급기관에 설치된 신상위원회등(바로 위 상급기관에 설치된 신상위원회등이 없는 경우에는 해당 신상위원회등)에 직접 그 심의 또는 재심의를 요구할 수 있다.
④ 제3항의 심의 또는 재심의 요구를 받은 해당 신상위원회등은 그 요구를 받은 날부터 1개월 이내에 심의 또는 재심의 의결을 하고 그 결과를 지체 없이 해당 신상위원회등의 위원장이 신상원에 통보하여야 한다.

제29조(개선 등의 요구) ① 신상원은 신상관련 법령상·제도상 또는 행정상 모순이 있거나 그 밖에 개선할 사항이 있다고 인정할 때에는 국무총리, 소속 장관, 감독기관의 장 또는 해당 기관의 장에게 법령 등의 제정·개정 또는 폐지를 위한 조치나 제도상 또는 행정상의 개선을 요구할 수 있다.
② 제1항에 따라 요구를 받은 기관의 장은 그 조치 또는 개선의 결과를 신상원에 통지(「정보통신망 이용촉진 및 정보보호 등에 관한 법률」에 따른 정보통신망을 이용한 통지를 포함한다. 이하 같다)하여야 한다.

제30조(권고 등) ① 신상원은 신상 결과 다음 각 호의 어느 하나에 해당하는 경우에는 소속 장관, 감독기관의 장 또는 해당 기관의 장에게 그 개선 등에 관한 사항을 권고하거나 통보할 수 있다.
1. 행정운영 등의 경제성·효율성 및 공정성 등을 위하여 필요하다고 인정되는 경우
2. 직원 발굴, 인사 배치, 능력을 향상하는 우수사례가 확인된 경우

② 제1항에 따른 권고 또는 통보를 받은 소속 장관, 감독기관의 장 또는 해당 기관의 장은 그 처리 결과를 신상원에 통보하여야 한다.

第7절 재심의(再審議)

第31조(재심의 청구) ① 第28조에 따른 신상 판정에 대하여 소속 장관, 감독기관의 장 또는 해당 기관의 장은 신상 확인서가 도달한 날부터 3개월 이내에 신상원에 재심의를 청구할 수 있다.
② 재심의를 청구할 때에는 재심의청구서에 의하여 한다.
③ 제1항의 청구서에는 청구의 내용과 그 이유를 명백히 하고 증거서류 등을 첨부하여 신상원에 제출하여야 한다.

第32조(재심의 청구의 처리) ① 신상원은 재심의 청구가 필요한 요건을 갖추지 못하였을 때에는 이를 각하한다.
② 신상원은 재심의 청구가 이유 없다고 인정하면 이를 기각하고 재심의 청구가 이유 있다고 인정하면 그 처분 요구나 권고 · 통보를 취소하거나 그 내용을 변경한다.
③ 신상원이 재심의 청구를 수리(受理)하였을 때에는 특별한 사유가 없으면 수리한 날부터 2개월 이내에 처리하여야 한다.

第33조(직권 재심의) 신상원은 판정을 한 날부터 2년 이내에 계산서 및 증거서류 등의 오류 · 누락 등으로 그 판정이 위법 또는 부당함을 발견하였을 때에는 이를 직권으로 재심의할 수 있다.

第34조(재심의의 효력) 청구에 따라 재심의한 사건에 대하여는 또다시 재심의를 청구할 수 없다. 다만, 신상원이 직권으로 재심의한 것에 대하여는 재심의를 청구할 수 있다.

-국가 미래 경영법(안)-

국가미래경영법 제정(안)

윤정수

The Legislation on the Law of Government Management for Enhancing People's Creativeness

Jeongsu Yun

5만불 국가로의 도약에 필요한 창조력을 증진하기 위하여 헌법을 개정하고, 예산을 배정하여 조직을 운영할 뿐만 아니라 책임과 권한이 명확하면 창조적인 통치구조가 되어 새로운 국가 모델을 창안한다.

I. 우리에게 창조는 없다

창조에 대한 국민적 수요가 늘어나고 있다. 일인당 국민소득 5만 불 달성에는 창조 경제, 규제개혁에도 창조적인 해결책이 필요하다. 하지만 3만 불 달성도 상당히 지체되고, 규제개혁은 부진하여 경제발전의 발목을 잡고 있다. 이에, 정부는 국가적인 문제를 해결하기 위하여 실용창조를 내걸었지만 그 실효성에 대하여 다수의 국민이 확신을 가지지 못한다. 그 이유는 헌법이 창조적인 통치구조가 아니고 법이 없어 창조의 실체에 대한 국민적 공감대가 너무나도 부족하기 때문이다. 우리가 창조에 얼마나 준비가 부족한지 창조의 핵심이 되는 창조자에 대한 보상만 살펴봐도 알 수 있다.

1. 국가의 통치구조에 창조가 없다

우리의 미래를 개척하기 위해서는 중요한 가치를 통치구조에 포함해야 하며 헌법에 잘 나타나야 한다. 헌법에는 창의를 경제편에 두고 있는데, 경제를 제외한 다른 분야의 창조에 대해서는 아예 언급조차 없다. 반대로 규제행정의 핵심이 되고 있는 감사원이 헌법에서 포함되어 있는 것에 비교하면 창조환경이 얼마나 황폐한지 알 수 있다. 적극적인 업무 개발로 규제개혁에 앞장서야 할 공무원은 모든 업무처리에서 감사원(필벌)의 영향을 받고 있으며, 엄격한 감사는 공무원을 꽁꽁 묶어 규제개혁은 고사하고 창조적인 업무 개발은 더 더욱 할 수가 없다.

2. 창조를 장려하는 기본법이 없다.

현행 법규 중에서 창조와 관련된 개별 법령은 국민제안 규정, 공무원제안 규정이 있지만 국민들은 거의 모르고 있다. 공무원제안 규정은 1973년, 국민제안 규정은 2006년에 대통령령으로 제정되었다. 공무원제안 규정에서는 우수자를 금전포상, 특별승진하도록 규정하고, 국민제안 규정은 우수자를 금전포상하고 상훈법에 의하여 표창하도록 되어 있다. 하지만, 세부규정을 보면 너무나 현실과는 거리가 멀다, 포상금이 너무 적고, 빅데이터 구축이 없고, 상시 제안, 평가, 선정, 시범실시에 필요한 예산확보도 없으며, 우수자를 사후 관리하는 우수자 활용이나 창조인재기념관 설립 등이 없다. 일례로 국민 우수 제안으로 좋은 제도를 도입해서 성공할 경우 사회를 발전시키는 동력이 되므로 스포츠 올림픽 선수보다 훨씬 더 큰 보상을 해야 함에도 불구하고 보상이 거의 없다. 국민이나 공무원이 참여하지 않는 이유이다. 결과적으로 규정에 불과하고 실제로 없는 것이나 마찬가지이다.

표 1. 스포츠 올림픽과 국민제안의 보상 비교

구분		금메달	은메달	동메달
스포츠올림픽	포상금	6,000만 원	3,000만 원	1,800만 원
	연금(월)	100만 원	75만 원	52만 5천 원
기능 올림픽	포상금	7,200만 원	5,600만 원	3,920만 원
	장려금 (연금, 월)	100만 원	75만 원	52만 5천 원
국민 제안	포상금	800만 원	500만 원	300만 원
	연금(월)	없음		

3. 창조에 대한 인식부족으로 국민 운동이 없다.

창조자 우대에 대한 통치구조와 법 규정이 없다보니 실용창조에 대한 국민의 참여가 극히 부진하다. 최근 정부가 창조를 국정과제로 삼고 3.0 정책으로 빅데이터의 개방, 공유, 소통, 협력을 강조하고 공공부문 혁신을 추진하고 있지만 국민 참여가 거의 없는 실정이다. 도리어 국민들은 정부의 부실한 창조 정책에 대한 불신만 높아가고, 공무원도 창조 정책에 적극적으로 참여하는 것은 고사하고 정보 공개에 몸을 사리고 있다. 새로운 업무를 개발하거나 창조를 시도하려는 공무원은 도리어 팀에서 배척되는 분위기를 먼저 없애지 않는 한 3.0 창조정책은 성공할 수 없다 .

II. 국가 창조 관리 방안

창조를 효과적으로 관리하기 위해서는 국가의 체계부터 창조에 맞게 정비해야 한다. 창조 추진에 필요한 예산을 반영해야 하고, 창조를 통합관리하는 조직이 있어야 하고, 국민이 쉽게 참여할 수 있는 매뉴얼을 갖추어야 한다. 구체적으로 개선방안을 제시해 본다면,

1. 헌법에 신상원을 규정

미래는 창조에 대한 수요가 점차 증가할 것이므로 창조에 필요한 인재를 대대적으로 육성하기 위해서는 감사원보다도 큰 규모의 신상원이 필요하다. 신상원을 헌법에 제정하면 공무원이나 국민에게 감사원보다도 훨씬 큰 긍정적인 영향을 미칠 수 있다. 우수한 특허개발자, 국민제안 참여자에 대한 보상을 실시하기 때문에 경제적인 이득을 줄 수 있다. 신상원의 업무는 국민 개개인의 창조력을 평가하고 보상까지 실시할 뿐 아니라 각 부처의 창조 정책을 총괄하게 된다. 국가의 미래인 창조를 중장기적으로 관리하는 것이다. 신상원 산하에 창조 평가원, 창조 연구원, 창조 인재기념관 등을 둘 수 있다.

2. 국가미래 경영법을 제정

각 부처에서 창조를 효과적으로 실천하기 위해서는 명확한 법 규정이 필요하다. 동 법에서는 법의 목적, 적용범위, 국가의 책무와 국민의 참여방법을 자세히 규정하며, 창조관리에 필요한 예산과 조직을 규정하고, 인재 올림픽을 개최하는 방안까지 포함해야 한다.

핵심 내용은 국가의 책무는 우수한 창조자를 선정하여 반드시 보상하여야 한다는 원칙을 공포하고, 창조자를 국가의 중요한 인재로 관리해야 하고, 국민은 스스로 참여하여 국가의 발전에 기여하도록 한다는 것이다.

표 2. 국가 미래 경영법 주요 내용[1]

구분	주요 내용
목적	창조를 진흥하여 국가 모델 개발
국가 미래경영	국가 모델 기본 계획과 시행을 규정
인재올림픽	대한 인재올림픽 개최와 인재 올림픽 위원회 설립에 대한 규정
기금	기금의 모금, 운영, 사용에 대한 규정
신상원	신상원 설립, 조직, 업무에 대한 규정
국민토론	국민 토론 확산 방안 규정
국민제안	제안 장려, 제도, 시범운영에 대한 규정
평가와 인증	개개인의 참여에 대한 평가와 인증서 교부
보상	특허 연금, 국민제안에 따른 금전 보상 규정
기념관	창조인재 기념관 테마 공원 운영 규정

3. 개인별 창조 마일리지 시행

창조에 참여하는 국민은 보상을 받도록 해야 한다는 원칙이 법으로 시행되면 국민은 창조에 참여하게 되는데 실적이 우수한 국민을 선정하여 보상을 하기 위해서는 평가부터 보상까지 엄격하게 실시해야 한다. 국가가 해야 할 일은 첫째, 빅데이터 시스템을 운영해야 한다. 빅 데이터는 개인의 제안 참여부터 선정, 시행결과까지 나타나서 개인의 창조능력을 한눈에 알 수 있다. 정부에서 추진중인 3.0은 창조자 빅데이터 구축에 매우 유용하게 활용할 수 있다. 둘째, 빅데이터 구축시에 창조와 관련된 국가의 공공 플렛폼[1]을 지정해야 한다. 국가에서 운영중인 국민제안, 공무원제안, 창조경제타운, 규제개혁, 각 부처 제안 홈페이지는 창조 5대 플렛폼으로 활용할 수 있다. 셋째, 창조 평가 제도를 시행해야 한다. 제안의 경제성, 지속성, 창의성을 정량적으로 평가해야 한다. 넷째, 개인별 창조 국가 마일리지를 시행해야 한다. 마일리지는 국가 인재 선발시 활용할 수 있다. 다섯째, 창조 마일리지 인증제도를 시행한다. 인증서는 취업이나 진학시에 제출하여 평생 동안 개인의 창조능력 증명서로 활용할 수 있다.

Ⅲ. 창조 퍼즐을 풀어라

본 연구를 통해서 헌법에 감사원(필벌)만 있고 신상원(신상)이 없어 규제만 발달한 규제 공화국이 되었고, 창조 기본법이 없어 창조관리가 얼마나 부실했는가를 알 수 있으며, 특히 창조자에 대한 평가, 보상, 활용 등 인재관리시스템이 부재했다는 것을 알 수 있다. 따라서 미래의 창조 수요를 감당하기 위하여 국가적으로 창조 관리 체계를 정립해야 하며 그 방안은 통치구조, 법 제정, 국민생활까지 일치시켜야 한다.

실용창조의 성공을 결정짓는 요인은 국민들의 참여인데, 제안한 바와 같이 헌법에 창조 개념을 명확히 포함하여 공포하고, 창조관리 기본법을 제정하여 예산을 확보하고 전문 조직을 운영하여 우수한 창조자에 대한 보상을 실시하면, 국민들이 창조에 자발적으로 참여할 것이며 국민운동으로 승화시킬 수 있다.

국민의 저력이 창조로 집중되면 우리국민의 우수한 집단 지식, 발달된 정보화 인프라, 가장 빠른 디지털 기술을 활용하여 세계 최초로 지식정보화에 기반을 둔 실용창조국가를 탄생시키는 것은 당연한 결과이다.

완성된 실용창조는 만능이다. 우리의 고질적인 문제를 해결할 뿐만 아니라 미래의 문제까지 예측하여 해결할 수 있다. 경제적으로 규제개혁, 가계부채를 해결하여 5만불을 달성하는 에너지가 되고, 사회적으로 청년실업, 저조한 고용율, 저출산이 해결되고, 정치적으로도 보수와 진보의 갈등이 감소하여 국민대통합으로 가게 될 것이며, 국제적으로 가장 영향력있는 창조국가로 국가 모델이 수출된다.

참 고 문 헌

[1] 윤정수. (2014). 이세명으로 대한민국을 바꾸세요

[2] 최병삼, 김창욱, 조원영.(2014) 플랫폼, 경영을 바꾸다

4부 21세기 마지막 블루오션 공공플랫폼

이·세·명을 칭찬 시스템을 기반으로 한 공공 플랫폼 설계방안

윤 정 수

Ⅰ. 서 론(연구목적)

한국 관료들에 대한 비판의 목소리가 높다. 무능력, 무사안일, 복지부동, 부정부패, 낙하산 인사, 최근에는 공무원 연금 적자까지 국민의 세금으로 보전한다고 하니 공무원이 한국의 발전에 저해요소이자 최대장애물인 것처럼 느껴지기도 한다. 그리고 젊은이들도 공무원에 대한 인식은 부정적이다. 하지만 공무원 경쟁률은 100 대 1에 육박할 정도로 지원자가 많으니 공무원에 대한 비판이 있는 반면에 기대가 크다는 것을 알 수 있다. 국민이 공무원에게 바라는 추세를 보면 과거 주어진 예산을 집행하고 관리하는 전통 행정관료보다는 서비스질의 확대, 규제개혁, 기업유치, 고용확대와 같은 생산적이고 기업경영자적인 수준을 요구하고 있으며 창조적인 연구개발 예산까지 확보하여 국가경쟁력을 향상시켜 주기를 바라고 있다. 한편, 공무원 내부에서도 과거 산업화시대의 공무원에서 미래의 지식경영, 창조 공무원으로 변하여 외국에 전자행정 수출, 행정한류로 사회변화와 글로벌 세계 발전을 주도해야 한다는 자발적 움직임이 나타나고 있다.

정부는 내외적 상황을 감안하여 지식경영, 창조국가 건설에 바탕을 둔 미래 창조국가의 그림을 그리고 있다. 정부 3.0을 선언하고 공공정보의 개방, 공유, 소통, 협력을 통하여 정부의 747(성장율 7%, 국민일인당 소득 4만불, 세계 7 대 강국)정책을 달성하려고 노력하고 있다.

정부 3.0 선언의 의의를 생각해보면, 첫째, 전자 국가의 완성이다. 최근 20년간 정부의 기본발전 전략인 컴퓨터 천만대보급 운동, 전국 광케이블 매설, 전자정부 구축을 완성하였으며 마지막으로 이러한 인프라를 활용하여 유비쿼터스 국가를 실현하는 것이다. 전 국민이 동시에 참여해서 공동체 발전을 위해서 토론하고 교육, 복지 정책을 결정함으로서 국민의 자신감을 높이고 국민통합을 이루어 높은 수준의 미래 자유 민주 국가를 건설할 수 있다. 둘째, 지식, 창조 국가의 실현이다. 제조업 혁신, 서비스혁신, 지식혁신으로 이어지는 새로운 국가 모델의 완성이다. 세계적으로 경제 경쟁이 치열해지는 것에 대비하여 글로벌 경쟁력을 확보하기 위해서는 지식에 기반을 둔 창조적인 국가를 완성해야 한다.

위 두 가지로 중요한 의의를 가지므로 3.0정부 완성은 반드시 넘어야 할 국가의 과제이다. 우리는 정보통신 사회에서 지식경영 사회, 창조 사회로 넘어가는 과도기에 와 있으며 3.0 성공 여부에 따라서 우리 사회의 발전 여부가 결정될 정도로 중요하다. 정부 3.0이 제대로 실천되어 전국민 운동으로 승화되고 개인 생활로 내재화되면 747정책은 성공하고 70%고용, 규제개혁, 과다한 개인부채, 지자체 부채 등은 자연스럽게 해결된다.

본 연구에서는 정부의 3.0 빅데이터를 소개하고, 기업과 공공 플랫폼의 차이점과 기업 플랫폼의 성공사례를 고찰하여 정부에서 추진하는 5대 공공 플랫폼에 반영하여 성공 할 수 있는 설계도를 그려보고, 개인과 정부에 미칠 긍정적인 효과에 대하여 논의한다. 따라서, 본 논문은 공공 플랫폼을 성공시켜 정부의 업무 효율을 향상함으써 국민의 이익을 극대화하는 방안을 제시하는 데 목적이 있다.

Ⅱ. 기업 플랫폼과 공공 플랫폼

Ⅱ-1.기업과 공공 플랫폼 차이

기업의 플랫폼은 성공사례가 많지만 공공 플랫폼은 세계적으로 성공사례가 없다. 그래서 본 연구에서는 성공기업의 플랫폼 중 공공 플랫폼과 유사한 SNS 플랫폼의 성공 사례에 적용된 4가지의 원칙을 정리하고 그 원칙이 공공 플렛폼에도 적용 가능한지 살펴보고자 한다. 첫째, 참여자 확대의 원칙으로 SNS 싸이트에 적용되는데, 참여자 숫자를 늘리는 것을 수익보다 중요시해야 한다는 것이다. 페이스북은 2004년 창업 후 3년6개월 동안 아무런 수익없이 이용자를 모으는 데만 주력했고. 회원증대를 위해서 다양한 방법을 개발했다.

수익보다 회원증대에 집중한 것이 성공의 요인이다. TED 사이트도 세계의 0.001%유명인을 통한 회원 모으기로 성공한 사례이다. **둘째**, 광고 수익의 원칙으로 대부분의 회사는 광고를 활용해서 수익을 올린다. 대표적으로 유투브 매출의 대부분은 광고수익이다. **셋째**, 경쟁의 원칙으로 포인트, 등급제, 인센티브 운영으로 끊임없는 경쟁을 유도하여 자연스럽게 우수한 플랫폼이 된다. 유튜브는 운영규칙을 준수하는 우수한 회원에게는 용량을 늘려주는 데 최대 12시간 분량이다. **넷째**, 매칭의 원칙으로 수요자와 공급자를 연결시켜 주는 것인데, 하버드 대학의 앨빈로스교수와 UCLA의 로이드 섀플리 교수는 매칭플랫폼 이론을 신장교환이식 프로그램에 적용시켜 새 생명을 얻은 환자수가 3년간 700명이 넘었다. 우리나라의 커플매니저, 하우스 익스체인지는 매칭비율에 따라서 성공여부가 결정될 수 있다.

민간기업의 4가지 성공원칙이 공공 플랫폼에 적용될 수 있을까라고 생각해 보면 **첫째**, 참여자 확대 원칙은 동일하게 적용가능하고, **둘째**, 광고 수익 원칙은 공공 플랫폼에는 적용이 불가능하다. **셋째**, 포인트를 통한 경쟁체제는 적용가능하고, **넷째**, 매칭의 원칙도 적용 곤란하다. 그러므로, 공공 플랫폼을 설계할 때 참여확대원칙과 포인트 원칙, 인센티브 원칙은 설계에 반영할 수 있다.

민간기업의 SNS와는 다른 공공 플랫폼의 특징을 보면 **첫째**, 법규에 기반을 두고 있다. 민간 기업은 이윤을 추구하지만, 공공 플랫폼은 공공재를 다루기 위하여 공무원이 운영해야 하므로 반드시 법에 근거를 두지 않으면 운영할 수 없다. **둘째**, 예산이 책정되고 그 범위내에서 운영되어야 한다. 정부 예산이 많이 책정되어 투자할 수 있는 여력이 있다면 그 플랫폼은 쉽게 정착될 수 있다. 하지만, 아직 플랫폼을 제작하는 예산만 투입되었고, 운영예산이 투입되어야 한다는 인식은 공유되지 않고 있다. **셋째**, 담당부처가 있다. 내부에 전문가도 없고ㅎ 업무분장도 불확실하지만 담당부처는 분명히 정해져 있다, 내부의 플랫폼 전문가를 육성하고 전담조직을 두면 얼마든지 성장할 수 있는데, 운영은 제작과는 다른 인력이 필요함에도 불구하고 운영전문가를 육성해야 한다는 인식이 부족하다는 게 흠이다. **넷째**, 운영전략이 필요하다. 현실적으로 보면 플랫폼의 서비스 질 개선, 사용자 확대, 타 플랫폼과의 협력 등 플랫폼의 규모와 질을 제고하기 위한 방안이 필요하다는 인식이 저조하다. 민간기업은 운영전략으로 승부를 내는 데 반하여 공공 플랫폼이 성공하기 위해서는 공공 플랫폼만의 성공전략을 수립해야 한다.

종합적으로 보면 민간플랫폼은 무에서 시장의 트렌드를 읽고서 새로운 수요를 찾아서 플랫폼을 만들어야 한다는 고충이 있는 반면에, 공공 플랫폼은 법규, 예산, 담당부처가 있기 때문에 플랫폼의 유용성만 확인되면 얼마든지 성장할 수 있다. 공공 플랫폼의 성장 필요성을 촉진시키기 위해서는 민간 기업의 플랫폼과 같은 수익 욕구와 같은 인간의 본성을 자극할 만한 상당한 매력이 있어야 한다. 민간 플랫폼의 성공원리인 셋째 원칙, 인센티브 제도를 공공 플랫폼의 특징인 법규, 예산, 조직에 녹인다면 충분히 성공할 수 있다.

그리고 발전단계에서도 차이가 있다. 기업 플랫폼은 광고, 물품판매, 서비스 제공으로 수익을 취할 수 있고, 그 수익으로 플랫폼을 개선하거나 서비스 질을 향상 시킬 수 있는 반면에 공공 플랫폼은 광고도 할 수 없고, 판매도 할 수 없으며, 서비스 제공으로 수익을 올릴 수 없다. 따라서, 플랫폼 발달의 5단계인 발굴-도입-성장-강화-수확의 과정 중 3단계, 성장과정에서 플랫폼 참여자의 수를 늘려서 임계점에 도달하도록 해야 하는데 공공 플랫폼에 수익개념이 없기 때문에 참여자를 확보하는 데 한계가 있다. 그러므로 3단계에서 공공 플랫폼의 특징을 잘 반영하여 운영해야 공공 플랫폼을 성공할 수 있다. 민간 플랫폼과는 다른 발전단계 전략을 마련해야만 할지도 모른다. 3단계 성장단계에서 우수 회원에게 이득을 주어야 하는 데 수익이 없기 때문에 제공할 수 없다. 공공 플랫폼은 이익 대신에 무엇을 제공해야 하는지 고민해야 한다.

II-2 공공 플랫폼의 성공과 미래

기업과 공공 플랫폼을 비교할 경우, 의외로 공공 플랫폼이 성공할 수 있는 강점이 많은 것을 알 수 있다. 공공 플랫폼의 성공가능성을 분석해보면, **첫째**, 법규에 근거해야 하기 때문에 목적, 대상, 운영예산과 조직이 매우 분명하다. **둘째**, 운영효과는 고용확대, 기업매출 확대, 부패방지 등 OECD 지표 개선을 지원하기 때문에 예산투자 대비 효과가 뚜렷하게 나올 수 있다. **셋째**, 우리나라는 전자정부가 거의 완성되어 전자행정의 인프라가 잘 구축되어 있으므로 성공가능성이 매우 높다. **약점은 첫째**, 세계적으로 성공사례와 운영전략이 없으므로 국민을 설득하기가 곤란하고 법 규정, 예산지원을 할 수 없다는 것이다. 둘째, 공무원은 계급적, 수직적 조직으로 운영되기 때문에 수평으로 운영되는 플랫과 맞지 않아 운영에 애로가 있다.

강, 약점을 고려할 경우, 정책입안자의 의지와 통찰력이 매우 중요한데, 정부의 효율성을 제고하고 창조행정을 실현시키기 위해서는 정부가 중대결단을 내려야 할 시기가 오고 있다. 과거에 정부는 천만대 컴퓨터 국민 보급운동, 전국 광케이블 매설, 전자 정부를 단계적으로 추진한 것을 고려할 때 정부에서는 공공플랫폼 완성으로 갈 수 밖에 없다. 컴퓨터 천만대 보급운동, 전국 광케이블 매설, 전자정부 추진이 하드웨어 측면이라면, 공공 플랫폼은 소프트웨어로 전자정보 국가를 완성하는 데 마지막으로 거쳐 가야할 단계이다. 그리고, 수직 운영의 한계를 극복하기 위하여 운영자 선발, 교육, 전략마련 등 기업의 전문가와 같은 방법으로 육성해야 한다. 중앙공무원 교육원이나 각 부처 교육원에서 대대적으로 공공 플랫폼 성공전략에 대하여 교육해야 한다.

구분	기업	공공
목적	수익	서비스 질 개선
대상	민간, 기업	국민, 기업
법	필요없음	필수
예산	투자금	예산
운영조직	기업	지정 공무원
광고	필수	불필요
주요 운영전략	복잡 참여자확대 인센티브 회원등급제 광고유치 네트워크	단순 법규가 필요 -예산, 조직
효과	수익증대	고용확대 기업 매출 상승 OECD 지표개선
성공사례	페이스북,구글,아마존 네이버	없음
특이	세계화 수평조직	전자정부 완성 수직 조직

Ⅱ-3 기업과 공공 플랫폼 인센티브

기업의 경쟁이 가속화되면서 혁신제품을 개발하기 위하여 오픈 이노베이션(open innovation)을 활용하는데, 더 많은, 더 높은 수준의 외부 혁신가를 참여시키는 것이 숙제이다. 오픈 이노베이션 형태는 협력커뮤니티(collaborative community)와 경쟁시장(competitive market)을 형성해 주는데, 만약, 혁신이 어느 한 개인이 만들기 어렵고 다수가 서로의 지식을 축적해야 얻을 수 있는 성격이라면 협력 커뮤니티가 나은 대안인데, 협력 커뮤니티에 참여하는 이들은 금전적 보상보다는 새로운 도전을 즐기는 재미나 성취감 또는 다른 사람으로부터의 인정을 중시한다. 반대로 전문성보다 다양성이 중요하고, 다양한 대안을 시도해 차별화하는 혁신이 필요하다면 경쟁시장이 바람직하다. 경쟁시장에 참여하는 이들은 주로 금전적 보상, 경력축적 등 외적동기가 강하다. 참여자의 성과를 극대화하기 위해서는 각 대안의 특성에 맞는 인센티브가 제공되어야 한다. 쿼키(www.quirky.com)는 협력커뮤니티와 경쟁시장의 장점을 모두 활용하여 성공한 사례인데 일반회원이 신상품 아이디어를 낼 때, 10달러를 내야하고, 22만명의 회원이 평가를 한다. 훌륭한 제품으로 선정되면 최초 아이디어 제안자는 수익금의 35%를 가지고 평가자도 수익배분을 받을 수 있다. 평가자와 제안자가 함께 지식을 공유하고 협력하여 성공한 사례이다.

구분	협력커뮤니티	경쟁시장
문제상황	복잡, 어렵다	신선한 아이디어 필요
문제해결열쇠	전문성	다양성
외부참여자 관계	협력, 지식공유	경쟁, 지식선점
외부참여자의 동기	내적동기 (재미,지적도전)	외적동기 (금전, 경력축적)

자료: Boudreau,kevin J, and Karin R.Lakhani(209)"How to manage outside innovation"MIT Sloan Management Review.50.4를 토대로 구성

쿼키는 수익의 35%를 제공하여 3단계 성장단계를 성공하는 데 공공 플랫폼

은 무엇을 제공할 수 있을까? 공공 플랫폼의 인센티브는 상훈법, 국민제안, 공무원제안, 정부업무평가 기본법에서 규정하고 있는 데, 인센티브의 기본은 우수자에게 상금을 주고(利), 특별승진을 시키고(勢), 상장을 주어 널리 알리는 것(名)이다. 따라서, 공무원 내부는 성과급을 활용할 수 있고(利), 특별승진(勢), 상장수여 및 사이버 기념관 전시(名)로 할 수 있고, 일반국민은 국민제안 상금(利), 4시간 취업(勢), 사이버 기념관 전시(名)로 예산을 따로 들이지 않고 국민참여를 확대할 수 있다.. 그 외에도 다양한 인센티브를 개발하여 참여자를 확대할 수 있다. 공공 플랫폼에서는 법 규정과 일치시켜 이, 세, 명 방식으로 인센티브 보상을 실시할 수 있다. 법에 없다면 규정을 만들어서 시행할 수 있다.

Ⅲ. 정부 5대 대표 플랫폼 설계

정부에서는 3.0정부로 정하고 개방, 공유, 소통, 협력강화를 정부가 사용하고 있는 빅데이터를 활용하여 달성하도록 하고 있다. 따라서, 빅데이터를 공공 플랫폼으로 간주하고 기업에서 시행한 성공 법칙을 적용시키면 공공 플랫폼도 성공할 수 있다. 기업 플랫폼의 성공은 참여자를 확대한 것이고, 그 방법은 협력커뮤니티의 활성화 및 경쟁을 강화하여 지식경영, 공유경제를 실천하였다.

정부는 국민을 대상으로 하기 때문에 규제개혁, 고용확대, 창조 경제 등과 관련된 공공 플랫폼을 국정과제 플랫폼으로 지정하고 공공 협력 강화를 위한 커뮤니티를 강화하고 정부 일자리 제공 등 공공 인센티브를 제공하여 지식 공유 경제를 활성화 할 수 있다. 공공 플렛폼은 공무원이 운영하기 때문에 법적인 근거를 가져야 한다. 그러므로 공무원 플랫폼의 설계시에는 아래 두 가지를 반드시 고려해야 한다. **첫째**, 공무원은 법에 의하여 운영되기 때문에 반드시 그 운영을 법으로 규정하여야 한다. 공공 플랫폼 운영을 위하여 필요한 예산, 인력, 전략을 법으로 규정하여 플랫폼을 운영해야 성공할 수 있다. **둘째**, 참여증대를 위하여 인센티브를 제공해야 하는 데, 법으로 규정하여야 한다. 인센티브는 각 부처에 공통으로 적용되어야 하고, 인센티브를 제공하기 위해서는 성과를 측정할 툴이 필요하다.

이 두 가지에 관련이 있는 법은 상훈법, 공무원제안에 관한 법, 국민제안에 관한 법, 공무원 성과급 관련 규정, 정부 업무 평가에 관한 법, 공무원 법이 있다. 이러한 법에 근거하여 협력커뮤니티를 강화하고 경쟁을 제고하는 인센티브를 줄 수 있고 필요시에는 법을 개정하거나 제정하면.정부 5대 빅데이터에 맞는 최적의 설계도를 만들 수 있다.

현행 정부에서 법으로 규정된 인센티브는 정부의 포상금, 취업이나 특별승진, 상장수여인데 ,이 규정을 최대한 살려서 정부 5대 대표 플랫폼에 적용시켜 효율적인 운영법을 제시해 본다. 정부 5대 플랫폼이 성공하면 다음 단계로 중앙정부, 지자체, 공공기관, 공기업으로 전 공공 플랫폼에 적용하는 공통 원칙이 될 수 있다.

국정과제의 중요도에 따라 정부 5대 플랫폼을 선정하여 위의 4가지 특징에 따라서 살펴보면 각 플랫폼의 **근거법령, 예산, 조직, 운영전략**의 실태를 파악할 수 있고, 4가지 특징에 충실여부에 따라서 개선하기 위한 방안도 마련할 수 있다.

1. 창조경제타운(창조)

창조경제타운(www.creativeocean.or.kr)은 국민의 창조 아이디어를 발굴, 평가, 육성, 제품화하여 절차, 자금모집, 아이디어 보호, 제품의 홍보까지 정부가 개입하여 창조를 촉진하는 데 그 목적이 있다. 담당 부처는 미래창조과학부이며, 운영은 한국과학기술정보연구원(KISTI) 산하 창조경제지원사업단에서 하고 있다. 근거는 특허법, 실용신안법, 디자인보호법, 상표법 등이다.

운영시작은 2013.00월이며, 회원수는 0000명 예산은 미래창조과학부에서 따로 투자하지 않았고, 한국과학기술정보원에서 투자하였고, 운영예산은 별도로 책정되지 않았다. 조직은 창조지원사업단 2팀 18명, 운영전략은 창조경제타운 지식생태계 구축 및 운영, 사업기획 지원, 아이디어 사업화 등이다. KISTI는 특허 DB를 운영하고 과학기술정보를 분석하기 위하여 1960년에 설립된 연구기관이다.

장단점을 보면 창조 경제타운은 특허 중심으로 운영하므로 아이디어 제안자 보호, 특허출원에 강점을 가실 수 있다. 반면에 조직에서 사업전문가나 펀딩 전문가가 아니므로 사업화에 애로가 있고, 운영예산이 없어 참여자 확대나 민간 전문가의 영입에 한계가 있다. 따라서, 운영예산을 확보하고 펀딩이나 사업화 전문가를 채용하여야 하며, 예산을 인센티브로 제공하여 민간 핵심전문가를 발굴 양성하고, 정부의 유사 빅데이터인 국민제안, 공무원제안과 연계하여 네트워크를 강화하면 세계적으로 우수한 브랜드가 될 수 있다..

우수사례는 민간 멘토를 참여시키고 있으며 좋은 호응을 얻고 있고, 우수사례를 별도로 전시해 놓은 것이 인상적이다.

창조경제타운에 이, 세, 명 이론을 적용시킨다면, 개인별 마일리지를 측정하여 제안활동에 대한 분석을 피드백시켜주고, 우수자 등급제를 시행하여 최우수 등급자에게는 연말에 현금으로 보상하고(이), 고용노동부와 연계하여 취직시켜주고(세), 디지털 전시관을 별도로 구축하여 우수자를 5년간 홍보해줄 수 있다(명)

2. 제안

2-1. 국민제안(창조,규제개혁)

국민제안(www.epeople.go.kr)은 국민의 불편부당한 사항, 행정서비스개선 사항을 제안하면 각 부처에서 담당자가 신속하게 개선하고 제안자에게 해결사항을 한눈에 볼 수 있도록 하는데 그 목적이 있다. 플렛폼 운영은 국무총리실 국민권익위원회이며 안행부에서 우수자에게 포상한다. 근거는 2006년도에 제정된 국민제안 규정이다.

예산은 국민권익위원회에서 투자하는 데 플렛폼 우수자을 시상한 사례는 없다. 그래서, 운영예산은 별도로 책정되지 않다고 볼 수 있다. 조직은 국민신문고과내에 1명이 배치되어 운영하고 안행부 창조행정담당관에 1명이 담당한다, 운영전략은 별도로 게시되어 있지 않고 우수 제안은 포상한다고 되어 있다.

장단점을 보면 법적인 근거가 명백하고, 국무총리실 산하이므로 조직이 탄탄한 반면에 우수자 포상, 운영인력, 전략이 없어 성공하지 못하고 있다.

미래는 민간기업의 플랫폼의 장점을 도입하여 개인별 마일리지를 실시하고 등급제를 실시하여 지속적으로 서비스 개선이 이루어질 수 있도록 할 수 있다.

우수사례는 플랫폼을 개방하고 전국민 참여를 시도했다는 측면에서 고무적이며, 국민 정책포럼까지 개방하고 있다. 반면에, 예산투자, 조직, 전략의 부재로 국민참여가 적다.

따라서, 적은 예산으로 참여를 확대하기 위하여 이, 세, 명 이론을 적용하면 개인별 마일리지, 등급제를 시행하여 우수자에게는 각 부처별 현금포상을 실시하게 하고(이), 안행부나 고용노동부의 고용정책과 연계하여 직장을 제공하며(세), 디지털 전시관에 5년동안 전시하여 홍보해 줄 수 있다(명)

정부의 유사 빅데이터인 창조경제타운, 공무원제안과 연계하여 네트워크를 강화하면 세계적으로 우수한 브랜드가 될 수 있다.

2-2. 공무원제안(창조, 규제개혁)

공무원제안(https://gov.epeople.go.kr)은 공무원의 업무 중 개선사항을 제안하면 각 부처에서 담당자가 신속하게 개선하고 제안자가 처리사항을 볼 수 있도록 하는 데 그 목적이 있다. 정부조직 담당은 국무총리실이며, 운영은 국민권익위원회에서 한다.

근거는 1973년도에 제정된 공무원 제안규정이다. 예산은 국민권익위원회에서 투자하지만 플랫폼 우수자에게 지급하는 예산은 없고, 조직은 안행부 창조행정담당관실 1명이 담당한다. 운영전략은 별도로 게시되어 있지 않고 우수 제안은 포상한다고 되어 있다.

장단점을 보면 법적인 근거가 명백하고, 국무총리실 산하이므로 조직이 탄탄한 반면에 운연예산이 없고, 운영인력이 없어 전략을 수립하지 못하고, 타 빅데이터와 연계하지 못하는 단점이 있다.

미래는 민간기업의 플랫폼의 장점을 도입하여 개인별 마일리지를 실시하고 등급제를 실시하여 지속적으로 서비스 개선이 이루어질 수 있도록 할 수 있다.

우수사례는 플랫폼을 개방하고 전국민 참여를 시도했다는 측면에서 고무적이며, 국민 정책포럼까지 개방하고 있다. 반면에, 예산투자, 조직, 전략의 부재로 국민참여가 적다.

따라서, 적은 예산으로 참여를 확대하기 위하여 이, 세, 명 이론을 적용하면 개인별 마일리지, 등급제를 시행하여 우수자에게는 각 부처별 현금포상을 실시하게 하고(이), 안행부나 고용노동부의 고용정책과 연계하여 직장을 제공하며(세), 디지털 전시관에 5년동안 전시하여 홍보해 줄 수 있다(명)

정부의 유사 빅데이터인 창조경제타운, 공무원제안과 연계하여 네트워크를 강화하면 세계적으로 우수한 브랜드가 될 수 있다.

3. 온나라 지식나라(지식경영)

온나라 지식나라(http://gkmc.go.kr)는 공무원 내부의 행정 지식과 우수 사례를 공유하고 포럼으로 새로운 정책을 만들어 낼 수 있다. 전 부처 공무원 모두 참여하여 open innovation을 증진하는 것이 목적이다. 안전행정부에서 담당하고 있으며 예산, 인원은 있지만 운영전략은 기업의 플랫폼과 같이 전문화되어 있지 않다.

장단점을 보면 운영목적은 분명하지만 법적인 근거가 불분명하고, 예산, 조직이 열악하고 운영전략도 명확히 소개되지 않았다.

미래는 민간기업의 플랫폼의 협력커뮤니티와 경쟁 시스템을 도입할 필요가 있으며, 법적인 정비도 필요하다. 온나라 지식나라는 의의는 세계 최초로 공무원 내부의 지식 경영을 시도한다는 데 의의가 있고, 그 중요성은 우리나라의 미래 운명을 좌우할 정도이다. 그리고 외형적으로 전 공무원이 참여하고, 정책포럼까지 시도했다는 면에서 획기적이라고 평가 할 수 있으므로 미래에 운영전략 수립 등 내용면에서 개선한다면 세계 최고의 우수사례로 평가 받을 수 있고 국가 미래 먹거리 창조, 규제개혁, 고용창출 등 다양한 목적을 달성할 수 있다. 삼성의 핵심은 삼성경제연구소이며 미래는 세리(www.seri.or.kr)가 되듯이 대한민국의 핵심은 온나라 지식나라이며, 정부 3.0 성공여부는 온나라 지식나라에 달려 있다.

따라서, 기업의 성공 플랫폼에서 적용하고 있는 협력커뮤니티와 경쟁원리를 동시에 적용하고 법적 기준도 정리하면 큰 성공을 거둘 수 있다. 정부에서 제공하고 있는 인센티브에 관한 법을 적용시키면 참여자를 대폭 확대할 수 있다. 이 플랫폼에 이, 세, 명 이론을 적용하면 개인별 마일리지, 등급제를 시행하여 우수자에게는 각 부처별 현금포상을 실시하게 하거나 성과급과 연계하고(이), 특별승진, 공공기업 주요 보직 취업 등 근거를 마련하고 (세), 디지털 전시관에 5년동안 전시하여 홍보해 줄 수 있다(명)

공무원이 참여해야만 하는 공공 플랫폼인 창조경제타운, 공무원제안, 국민제안과 연계하여 네트워크를 강화하면 공무원의 지식경영은 탁월해지고, 세계적으로 우수한 브랜드가 될 수 있다. 온나라 지식나라에 3.0의 성공여부가 달려있을 정도로 중요하다.

4. 나라일터(고용)

나라일터(http://gojobs.mospa.go.kr)는 안전행정부에서 운영하는 직업안내 플랫폼이다. 공무원을 지원하는 사람은 인적사항을 입력하고 지원서를 제출할 수 있다. 그리고 워크넷(www.work.go.kr)은 고용노동부 한국고용정보원에서 운영하고 있다.

기업 플랫폼과 같이 활력있게 운영하기 위해서는 기업의 협력커뮤니티와 경쟁시장의 원리를 적용할 필요가 있으며, 방법은 포럼을 활발히 운영하여 상호 지식 공유나 토론을 통하여 새로운 지식 또는 직업 창출 등 협력을 강화하고, 인센티브 제도를 도입할 필요가 있다.

인센티브는 우수자에게 우선하여 직업을 제공해 줄 수 있다. 정부에서 운영하는 창조경제, 국민제안 플랫폼과 연계하여 가점을 준다면 경쟁 원리가 가속화되어 참여자에게 더 큰 인센티브를 제공할 수 있고, 상훈법, 창조경제, 국민제안에 규정된 인센티브와 연계시 더 큰 보상을 줄 수 있다.

그리고 공기업의 채용 플랫폼은 현재는 없지만 전체 공기업이 공동으로 운영할 필요가 있으며, 우수자에게 공기업에 취업할 수 있도록 인센티브를 준다면 최고로 빨리 정착될 수 있는 국민참여 플랫폼이 될 수 있다. 모두가 취업하기를 바라는 공기업이므로 공공 플랫폼 운영시 우수자에게 취업을 제공하면 가장 빨리 성공할 수 있다.

우수자에 대한 이세명 보상정책은 자체적으로 시행할 수 있다. 우수자에게는 현금포상을 실시하게 하고(이), 안행부나 고용노동부의 고용정책과 연계하여 직장을 제공하며(세), 디지털 전시관에 5년동안 전시하여 홍보해 줄 수 있다(명)

5. 규제개혁

규제개혁 플렛폼(www.better.go.kr)은 국민의 불편부당한 사항, 행정서비스개선 사항을 제안하면 각 부처에서 담당자가 신속하게 개선하고 제안자에게 해결사항을 한눈에 볼 수 있도록 하는데 그 목적이 있다. 국무총리실 규제개혁위원회에서 담당하고 있으며 법규정, 예산, 조직도 분명하다. 다만 기업과 같은 운영전략이 없어 개선이 필요하다.

개선하는 방향은 포럼을 운영하여 협력커뮤니티를 살리고, 인센티브를 도입하여 경쟁을 강화하는 것이다. 인센티브는 이, 세, 명을 법으로 규정하고 그에 따른 보상을 실시하면 된다. 참여하는 국민이나 공무원에게 인센티브를 실시하면 참여가 확대되어 규제개혁은 빠른 기간내에 가시적인 성과를 나타낼 수 있다.

6. 0000부(지자체 포함)

각 부처나 지자체는 플랫폼을 운영하고 있으나 그 수준이 정책을 전달하는 수준으로 국정에 참여하는 수준은 되지 못한다. 이러한 수준을 기업 수준의 플랫폼으로 제고하기 위해서는 협력 커뮤니티 강화와 인센티브 제공을 통한 경쟁 강화를 촉진할 수 있다. 활동 마일리지 측정, 이세명 보상제도의 제도화, 다양한 행사로 충분히 국민참여를 확대할 수 있다. 각 부처나 지자체는 우수자에게 지역 공기업 입사혜택 등 선호하는 인센티브를 제공할 수 있어 기업 플랫폼보다도 훨씬 유리한 위치에 있다고 본다.

7. 000 국회의원 홈페이지

공공 플랫폼 중에서 인센티브를 제공하기가 가장 쉬운 곳이 국회의원의 플랫폼이다. 협력 커뮤니티도 가장 왕성하게 운영하여 지역구에 많은 혜택을 가져올 수 있다. 인센티브는 보좌관 특채 등 의원이 가진 인사권으로 제공할 수 있으므로 참여자를 확대할 수 있다. 공공 플랫폼을 발전시키면 정치 비용 획기적 절감, 국민공감 10배 증진하는 정치 혁신도 이룰 수 있어 국민 파급효과가 크다.

8. 국민연금관리공단(공기업, 협회)

국민연금관리공단(www.nps.or.kr)은 공기업으로서 플랫폼이 성공하면 국민의 체감 만족도를 상당부분 올릴 수 있다. 협력커뮤니티는 포럼을 운영하여 지식경영을 할 수 있고, 경쟁체제 구축을 위해서는 이세명 제도 중에서 세를 활용하여 우수자에게 직장을 제공하거나 1년 계약직 근무를 제공할수 있다. 예산을 별도로 투자하지 않고도 얼마든지 인센티브를 제공할 수 있다. 그 외에 국민연금 관리공단은 다양한 혜택을 마련하여 국민참여를 증대시키고 지식경영으로 연금을 절감할 수 있는 좋은 방안, 연금을 효과적으로 투자하는 방안 등 다양한 방안을 지식경영에서 얻을 수 있다.

9. 삼성경제연구소

삼성경제연구소(www.epeople.go.kr)는 공공 플랫폼이 아님에도 공공 플랫폼과 같은 방식으로 운영되고 있다. 포럼으로 협력 커뮤니티를 만들고, 포럼 순위를 지정하여 내부 경쟁을 유도하고 있다. 하지만, 경쟁 부문에서 조금만 바꾸면 큰 성공을 거둘 수 있다. 삼성 그룹의 타 기업과 네트워크를 강화해야하는 숙제가 남아 있긴 하지만 얼마든지 해 볼 수 있는 방법이다. 방법은 이,세,명 중 세로서 포럼 우수자에게 삼성전자에 10명 입사할 수 있도록 인센티브를 제공한다면 참여자가 폭발적으로 증가할 것이다. 아니면 포럼 우수자 중에서 호암상 수여자로 매년 1명 추천하는 것이다.

10. 00대학교

대학교는 이, 세, 명 보상원칙을 적용하면 공공 플랫폼으로서 큰 성공을 거둘 수 있다. 우수자에게 장학금 수혜(이), 대학 또는 대학원 입학 기회를 준다면(세) 참여자가 획기적으로 증가하고 학생들에게 스스로 학교의 이미지를 증가시킬 수 있다. 지방대학이라도 수도권 대학보다도 더 좋은 경쟁력을 가질 수 있다. 어쩌면, 지방대학에서 수도권 대학에 비하여 홀대 받는다는 불평은 호사일 수 있다. 플랫폼으로 지방대학을 얼마든지 되살릴 수 있다.

10가지 사례에서 보듯이, 기업 플랫폼의 성공원리인 협력 커뮤니티와 경쟁제도는 공공 플랫폼에서도 동일하게 적용할 수 있다는 것을 알 수 있다. 그리고 공공 플랫폼에서는 법과 일치시키고, 그 법은 이,세,명을 기본으로 할 수 있다. 이 원칙을 적용시켜서 모든 공공기관, 공기업, 심지어 국회의원, 대학교 플랫폼에서 연관되는 인센티브만 개발하면 참여하는 숫자, 활동자의 질을 대폭 개선할 수 있다는 것을 알 수 있다.

Ⅳ. 연구 설계

1. 연구모형 및 연구가설

본 연구의 실효성을 검증하기 위하여 하나의 공공 플랫폼을 선정할 필요가 있으며, 실험을 수행할 경우 기본적으로 평가해야 할 사항들도 정리해볼 필요가 있다. 모형실험을 통하여 공공 플랫폼의 성공 전략, 법규마련의 필요성, 예산투자 대비 효과, 운영조직의 적정성은 충분히 검토될 수 있다. 모형실험 시 필수적으로 평가해야 할 사항은 아래와 같다.

첫째, 민간 기업의 성공적인 플랫폼의 성공전략인 협력 커뮤니티와 경쟁시장 구축 전략은 공공 플랫폼에 적용가능한가?

둘째, 기업과 공공 플랫폼의 차이는 무엇인가?

셋째, 가능하다면, 어떻게 적용시켜야 하는가?

넷째, 공공 플랫폼을 성공시킬 수 있는 공통의 규칙을 만들어 낼 수 있는가?

다섯째, 공공 플랫폼이 성공할 경우 정부의 국정과제를 해결할 수 있는가? 구체적으로 규제개혁, 창조경제, 고용확대를 달성할 수 있는가?

여섯째, 공공 플랫폼의 활성화를 위하여 법규를 마련하고, 예산, 조직, 운영에 필요한 사항을 규정해야 하는가?

일곱째, 공공 플랫폼의 참여확대를 위하여 예산을 투자할 필요가 있는가?

여덟째, 공공 플랫폼의 운영사항을 기관, 또는 공기업 평가 항목으로 포함할 필요가 있는가?

아홉째, 협력 커뮤니티와 경쟁제도 도입시 이, 세, 명 인센티브는 정부, 공기업 플랫폼에 공통적으로 적용가능한가?

열째, 이, 세, 명 인센티브 도입시 기존 성과급제도, 특별승진제도와 연계가 능한가? 현행 공무원 규정은 개정할 수 있는가?

2. 정부의 평가 기준 설계

국가적인 정책목표와 방향를 제시하여할 필요가 있는 시책이나 중앙정부와 지방자치단체 간에 긴밀히 협력하여 추진하여야 할 필요가 있는 시책에 평가를 하는데, 담당은 국무총리실이다. 국무총리실에는 정부업무평가실에서 집행하고, 주요정책은 국무조정실, 재정사업부문은 기획재정부, 기관역량부문은 안전행정부에서 평가를 한다.

정부의 3.0 플랫폼이 제대로 발전하기 위해서는 공공 플랫폼에 대하여 평가를 실시해야 한다. 기업 플랫폼과 다른 가장 큰 차이인데, 평가를 통하여 강제성을 부여할 수 있으므로 공공 플랫폼을 신속하게 정착시킬 수 있는 긍정요인이 될 수 있다. 평가를 해야 할 플랫폼은 첫째, 각 부처에서 운영하는 플랫폼 중 창조경제와 관련된 내용(747정책), 둘째, 고용확대와 관련된 플랫폼(고용율 70%), 셋째, 국정참여와 확대와 관련된 플랫폼(행복, 안전향상)이며, 점차 중앙, 지방, 공공기업의 플랫폼으로 확대해 나가면 획기적인 성공을 할 수 있다..

평가위원회에서는 연구용역을 거쳐서 평가항목이 무엇인지, 평가 비율이 얼마인지 등 아래 요소를 고려하여 중앙정부, 지방자치단체, 공공기관에 알려주어야 한다.

첫째, 3.0 평가의 목표는 무엇인가? 기대 효과는 무엇인가?

둘째, 평가 항목은 무엇인가?

셋째, 평가 비중은 얼마인가? 해마다 얼마로 높여가야 하는가?

넷째, 평가관은 적정한 경력을 가지고 있는가? 민간으로 외주 용역을 주어야 하는가? 외국전문가를 참여시켜야 하는가? 국민 평가단을 둘 것인가?

다섯째, 평가주기는 상시 평가를 할 것인가?

여섯째, 평가는 공개할 것인가? 비공개가 유리한가?

일곱째, 우수한 평가관은 어떻게 보상할 것인가?

여덟째, 공기업 평가에 우수한 평가에 기여한 공로자는 보상해야 하는가? 어떻게 보상해야 하는가?

Ⅴ. 결론

본 연구를 통해서 기업과 공공 플랫폼의 성공 원리는 충분히 공유됨을 알 수 있고, 적극적으로 사용시 공유경제, 복지 향상을 통하여 정부에서 충분히 긍정적인 효과가 나타날 수 있음을 확인하였다. 의외로, 공공기관에서 국민제안, 공무원제안, 상훈법, 정부 업무 평가법에서 이미 인센티브를 제공하도록 되어 있어 기업 플랫폼보다도 더 쉽게 성공할 수 있는 환경을 갖추고 있다는 것도 알게 되었다. 그리고, 기업 플랫폼의 성공원리를 공공 플랫폼에 적용할 경우에는 법규정과 일치시켜야 하는 과제를 안고 있다는 것도 알게 되었다.

현실적으로 한국 정부는 3.0이라는 제도를 도입하여 국가를 창조 경제로 개조해야 한다는 대 명제는 가지고 있지만, 공공 플랫폼의 개선을 통하여 성공할 수 있다는 공감대는 형성되어 있지 않고, 세계적으로도 성공 사례도 없고, 연구 성과도 거의 나타나 있지 않아 추진에 매우 어려운 상황에 직면해 있다. 본 연구에서는 이런 여러 가지 우려를 불식시키기 위하여 하나의 공공플랫폼을 지정하여 모델로 연구를 해 볼 것을 제안하며 그 방식은 이,세,명 인센티브로서 충분히 성과를 나타낼 수 있을 것이라 확신하고 있다. 아무쪼록, 본 연구를 시발점으로 삼아 모델 연구를 시작해 보기를 바라며 더 많은 공공플랫폼의 실험 모델이 제시되어 미래 창조 국가 건설에 박차를 가하기를 기대해 본다.

국가는 결단이 서기 전까지는 고민이 많지만 결단이 선 후에는 엄청난 추진력을 보여 왔다는 것을 우리는 잘 알고 있다. 그리고 성공하리라는 것을 잘 알고 있다. 정부는 그간 국민천만대 보급운동, 전국 광케이블 매설, 전자정부를 성공적으로 완수하였으며, 3.0으로 우리나라 전체를 세계적으로 가장 앞서가는 정보통신국가, 지식 경영 국가로 나아가려는 원대한 포부를 가지고 있다. 마지막 순서인 공공플랫폼의 완성으로 세계에서 가장 창조적인 국가를 만들고 앞으로 3년 이내 공공 플랫폼을 세계로 수출하자. 기업 플랫폼보다 더 빨리 정착할 수 있다.

참 고 문 헌

최병삼·김창옥·조원영, “플랫폼, 경영을 바꾸다”, 삼성경제연구소, 2014, pp. 144.

최병삼·김창옥·조원영, “플랫폼, 경영을 바꾸다”, 삼성경제연구소, 2014, pp. 212.

최병삼·김창옥·조원영, “플랫폼, 경영을 바꾸다”, 삼성경제연구소, 2014, pp. 231-232.

최병삼·김창옥·조원영, “플랫폼, 경영을 바꾸다”, 삼성경제연구소, 2014, pp. 246-248.

최병삼·김창옥·조원영, “플랫폼, 경영을 바꾸다”, 삼성경제연구소, 2014, pp. 305-312.

윤정수윤해성 “대통령님, 이·세·명으로 대한민국을 바꾸십시요”, 하이비젼, 2014, pp. 224-300

공공 플랫폼 발전 기본법(개략안)

플랫폼 위원회, 디지털 평가위원회, 예산, 교육, 기금, 지원사업, 플랫폼 교육원, 자격증을 발급, 플랫폼 광고 위원회, 플랫폼 등급제, 권익 보호에 대하여 규정을 제정한다.

제1장 총칙

제1조(목적) 이 법은 온라인이 새로운 소통 환경으로 부응하는 데 대응하여 공공 플랫폼의 공익성·공공성을 보장하고, 공공 플랫폼의 진흥 및 기술기준 등에 관한 사항을 정함으로써 공공 복리의 증진과 플랫폼 발전에 이바지함을 목적으로 한다.

제2조(정의) 이 법에서 사용하는 용어의 뜻은 다음과 같다.
1. “공공 플랫폼”이란 정부 또는 공공기관·단체가 인터넷 방식에 의하여 제공하는 일련의 활동 등을 말한다.

가. 각 행정부에서 운영하는 홈페이지 등 플랫폼
나. 공공기관·단체에서 운영하는 홈페이지 등 플랫폼
다. 정부에서 정한 경영평가를 받는 단체의 홈페이지 등 플랫폼

2. “플랫폼 자격증”이란 공공 플랫폼과 관련된 자격증을 말한다.
3. “공공플랫폼서비스”란 공공 플랫폼을 이용하여 제공하는 서비스를 말한다.
4. “공공 플랫폼 사업자”란 관련 법령에 따라 과학기술정보통신부장관 또는 플랫폼 진흥협회에 신고 · 등록 · 승인 · 허가 및 이에 준하는 절차를 거쳐 공공 플랫폼 사업 서비스를 제공하는 자 또는 정부, 공공기관 등 공익적 활동을 하는 단체를 말한다.

제3조(공공 플랫폼 운영기관의 책무) 국가와 지방자치단체 등 공공 플랫폼 운영 기관은 공공 플랫폼의 공익성 · 공공성에 기반한 공적 책임을 완수하기 위하여 다음 각 호의 사항을 달성하도록 노력하여야 한다.

1. 플랫폼을 통한 공공복리의 증진과 지역 간 또는 계층 간의 균등한 발전

및 건전한 사회공동체의 형성
2. 건전한 플랫폼 이용문화 조성 및 올바른 플랫폼 이용환경 조성
3. 플랫폼 기술과 서비스의 발전 장려 및 공정한 경쟁 환경의 조성
4. 사회적 소수 또는 약자계층 등의 플랫폼 소외 방지
5. 플랫폼을 이용한 소통 환경의 다원성과 다양성의 활성화
6. 투명하고 개방적인 의사결정을 통한 플랫폼 정책의 수립 및 추진

제4조(공공 플랫폼 규제의 원칙) ① 과학기술정보통신부장관과 공공 플랫폼 진흥협회는 플랫폼 서비스의 특성이나 기술 또는 이용자의 서비스 수용행태 등을 종합적으로 고려하여 동일한 서비스로 볼 수 있는 경우에는 동일한 규제가 적용되도록 노력하여야 한다.
② 과학기술정보통신부장관과 공공플랫폼 진흥협회는 매년 플랫폼 규제에 대하여 자체적으로 평가계획을 수립하여 평가를 시행하여야 하고, 그 평가 결과를 바탕으로 플랫폼 관련 규제 합리화에 필요한 계획을 수립·공표하여야 한다.

제5조(다른 법률과의 관계) 공공플랫폼과 관련하여 다른 법률에 특별한 규정이 있는 경우 외에는 이 법에서 정하는 바에 따른다.

제2장 공공 플랫폼의 발전 및 공공복리의 증진

제6조(공공 플랫폼의 발전을 위한 시책 수립) ① 과학기술정보통신부장관 또는 공공플랫폼진흥협회는 공공복리의 증진과 공공 플랫폼의 발전을 위하여 필요한 기본적이고 종합적인 국가의 시책을 마련하여야 한다.
② 과학기술정보통신부장관 또는 공공플랫폼진흥협회는 경제적, 지리적, 신체적 차이 등에 따른 소수자 또는 사회적 약자가 공공플랫폼에서 불이익을 받거나 소외되지 아니하도록 구체적인 지원 방안을 수립·시행하여야 한다.
③ 과학기술정보통신부장관 또는 공공플랫폼진흥협회는 국민이 플랫폼에 참여하고, 플랫폼을 통하여 다양한 정보, 문화를 추구할 수 있도록 필요한 시책을 수립·시행하여야 한다.
④ 과학기술정보통신부장관 또는 공공플랫폼진흥협회는 국민이 보편적이고 기본적인 플랫폼서비스를 제공받을 수 있도록 필요한 시책을 수립·시행하여야 한다.
⑤ 과학기술정보통신부장관 또는 공공플랫폼진흥협회는 공공 플랫폼을 통한

국민의 명예 훼손과 권리 침해를 방지하고 정보보호를 위하여 필요한 시책을 수립 · 시행하여야 한다.
⑥ 과학기술정보통신부장관 또는 공공플랫폼진흥협회는 모든 국민이 플랫폼 서비스를 효율적이고 안전하게 이용할 수 있도록 관련 서비스의 품질 평가, 교육 및 홍보 활동 등에 관한 시책을 수립 · 시행하여야 한다.

제7조(공공플랫폼기본계획의 수립) ① 과학기술정보통신부장관과 공공플랫폼진흥협회는 플랫폼을 통한 국민의 복리 향상과 플랫폼의 원활한 발전을 위하여 공공플랫폼기본계획(이하 "기본계획"이라 한다)을 수립하고 이를 공고하여야 한다.
② 기본계획에는 다음 각 호의 사항이 포함되어야 한다.
1. 공공플랫폼서비스에 관한 사항
2. 공공플랫폼콘텐츠에 관한 사항
3. 공공플랫폼 운영인력 양성에 관한 사항
4. 공공플랫폼 광고에 관한 사항
5. 공공플랫폼 기술의 진흥에 관한 사항
6. 공공플랫폼의 보편적 서비스 제공 및 공공성 확보에 관한 사항
7. 공공플랫폼 남북협력 및 국제협력에 관한 사항
8. 그 밖에 공공플랫폼에 관한 기본적인 사항

제8조(공정한 혜택부여) ① 과학기술정보통신부장관 또는 공공플랫폼진흥협회는 공공플랫폼을 이용하는 기여자에게 인센티브 등 혜택을 부여할 수 있다.
② 과학기술정보통신부장관 또는 공공플랫폼진흥협회는 공공플랫폼의 발전에 기여하는 이용자에게 등급제를 실시할 수 있는 공공 플랫폼 발전 촉진 방안을 강구할 수 있다
③ 제2항에 따른 이용자의 기여도 평가를 위한 구체적인 기준과 절차 및 방법 등에 관하여 필요한 사항은 대통령령으로 정한다.

제9조(공공플랫폼 예산 등 지원) ① 정부는 공공플랫폼이 기술적으로 발전하고, 이용자가 편리하게 이용할 수 있도록 예산을 지원할 수 있다.
② 정부는 공공플랫폼 구축, 운영 등에 관한 사항이 포함된 공공플랫폼 진흥계획을 수립 · 시행하여야 한다.

第10조(공공플랫폼시설 조성 · 지원) ① 과학기술정보통신부장관은 플랫폼을 위한 빅데이터 센터 등 공공플랫폼에 필요한 물리적 · 기술적 기반시설(이하 "공공플랫폼기반시설" 이라 한다)을 공공플랫폼사업자가 공동으로 조성하는 때에는 필요한 지원을 할 수 있다.

② 정부는 제1항에 따라 조성된 공공플랫폼기반시설이 다른 산업의 기반시설과 연계 운영되도록 할 수 있다.

제3장 공공플랫폼의 진흥

第11조(한국공공플랫폼진흥협회) ① 정부는 공공플랫폼 발전을 위하여 대통령령으로 정하는 바에 따라 과학기술정보통신부장관의 인가를 받아 공공플랫폼진흥협회(이하 "진흥협회" 라 한다)를 설립할 수 있다. 다만, 초기 발전을 위하여 대통령 직속 또는 국무총리실 직속으로 둘 수 있다.

② 진흥협회는 법인으로 한다.

③ 진흥협회에 관하여 이 법에서 정한 것 외에는 「민법」 중 사단법인에 관한 규정을 준용한다.

④ 정부는 진흥협회의 사업수행을 위하여 필요하면 예산의 범위에서 보조금을 지급할 수 있다.

⑤ 진흥협회의 사업 및 감독 등에 필요한 사항은 대통령령으로 정한다.

第12조(공공플랫폼기술의 진흥 등) 과학기술정보통신부장관은 공공플랫폼기술의 진흥을 통한 공공플랫폼서비스 발전을 위하여 다음 각 호의 시책을 수립 · 시행하여야 한다.

1. 공공플랫폼과 관련된 기술수준의 조사, 기술의 연구개발, 개발기술의 평가 및 활용에 관한 사항
2. 공공플랫폼 기술협력, 기술지도 및 기술이전에 관한 사항
3. 공공플랫폼기술의 표준화 및 새로운 공공플랫폼기술의 도입 등에 관한 사항
4. 공공플랫폼 기술정보의 원활한 유통을 위한 사항
5. 공공플랫폼기술의 국제협력에 관한 사항
6. 공공플랫폼의 광고에 관한 사항
7. 그 밖에 공공플랫폼기술의 진흥에 관한 사항

第13조(공공플랫폼에 관한 기술정보의 관리) ① 과학기술정보통신부장관은

공공플랫폼기술의 진흥을 위하여 공공플랫폼에 관한 기술정보를 체계적이고 종합적으로 관리 · 보급하는 방안을 마련하여야 한다.
② 과학기술정보통신부장관은 공공플랫폼의 원활한 발전을 위하여 공공플랫폼에 관한 새로운 표준기술을 예고할 수 있다.

第14조(연구기관 등의 지원) ① 과학기술정보통신부장관과 공공플랫폼진흥협회는 공공플랫폼의 진흥을 위하여 공공플랫폼을 연구하는 기관 및 단체에 대한 재정적 지원 등 필요한 시책을 수립 · 시행하여야 한다.
② 제1항에 따른 지원대상 기관 및 단체의 범위와 그 밖에 필요한 사항은 대통령령으로 정한다.

第15조(연구활동의 지원) ① 과학기술정보통신부장관과 공공플랫폼진흥협회는 공공플랫폼의 연구 · 개발을 위하여 필요하면 공공플랫폼기술에 관한 연구과제 선정 등 연구활동을 지원할 수 있다.
② 제1항에 따른 연구활동의 지원 등에 필요한 사항은 대통령령으로 정한다.

第16조(표준화의 추진) ① 과학기술정보통신부장관은 플랫폼의 건전한 발전과 이용자의 편의를 도모하기 위하여 플랫폼의 표준화를 추진하고 플랫폼사업자 또는 이용자에게 그에 따를 것을 권고할 수 있다.

第17조(남북 간 공공 플랫폼 교류 · 협력) ① 정부는 남북 간 공공플랫폼부문의 상호 교류 및 협력을 증진할 수 있도록 노력하여야 한다.
② 과학기술정보통신부장관 또는 공공플랫폼진흥협회는 남북 간 공공플랫폼 부문의 상호 교류 및 협력 증진을 위하여 북한의 공공플랫폼 정책 · 제도 및 현황에 관하여 조사 · 연구하여야 한다.
③ 과학기술정보통신부장관 또는 공공플랫폼진흥협회는 대통령령으로 정하는 바에 따라 남북 간 상호 교류 및 협력 사업과 조사 · 연구 등을 위하여 필요한 경우 공공플랫폼사업자 또는 관련 단체 등에 협조를 요청할 수 있다. 이 경우 과학기술정보통신부장관 또는 공공플랫폼진흥협회는 대통령령으로 정하는 바에 따라 예산의 범위에서 필요한 경비의 전부 또는 일부를 지원할 수 있다.
④ 남북 간 공공플랫폼 교류 및 협력을 추진하기 위하여 공공플랫폼진흥협회에 남북 공공 플랫폼 교류 추진위원회를 둔다.
⑤ 제4항에 따른 남북공공플랫폼교류 추진위원회의 구성과 운영에 필요한

사항은 대통령령으로 정한다.

제18조(공공플랫폼 국제협력) ① 과학기술정보통신부장관 또는 공공플랫폼진흥협회는 공공플랫폼 분야에 관한 국제적 동향을 파악하고 국제협력을 추진하여야 한다.
② 정부는 공공플랫폼콘텐츠의 국제적 공동제작 및 유통, 공공플랫폼 관련 기술 · 인력의 국제교류, 공공플랫폼의 국제표준화 및 국제 공동연구개발 등의 사업을 지원할 수 있다.
③ 과학기술정보통신부장관 또는 공공플랫폼진흥협회는 공공플랫폼 분야와 관련된 민간부문에서의 국제협력사업을 지원할 수 있다.

제4장 공공플랫폼 교육원

제19조(공공플랫폼 교육원) 과학기술정보통신부장관과 공공플랫폼진흥협회는 공공플랫폼의 진흥을 지원하기 위하여 공공플랫폼교육원을 운영할 수 있다.

제20조(공공플랫폼 전문인력의 양성 등) 과학기술정보통신부장관과 공공플랫폼진흥협회는 공공플랫폼 발전에 필요한 공공플랫폼 전문인력을 양성하기 위하여 다음 각 호의 계획을 수립 · 시행하여야 한다.
1. 공공플랫폼기술 및 공공플랫폼서비스와 관련된 전문인력(이하 이 조에서 "전문인력"이라 한다) 수요 실태 및 중 · 장기 수급 전망 파악
2. 전문인력 양성사업의 지원
3. 전문인력 양성기관의 지원
4. 전문인력 양성 교육프로그램의 개발 및 보급 지원
5. 공공플랫폼 자격제도의 정착 및 전문인력 수급 지원
6. 각급 학교 및 그 밖의 교육기관에서 시행하는 공공플랫폼기술 및 공공플랫폼서비스 관련 교육의 지원
7. 일반국민에 대한 공공플랫폼기술 및 공공플랫폼서비스 관련 교육의 확대
8. 그 밖에 전문인력 양성에 필요한 사항

제5장 공공플랫폼 평가원

제21조(공공플랫폼 평가원) ① 과학기술정보통신부장관과 공공플랫폼진흥협

회는 공공플랫폼의 평가를 실시하기 위하여 평가원을 설립할 수 있다.
② 제1항에 따른 평가대상 기관 및 단체의 범위와 그 밖에 필요한 사항은 대통령령으로 정한다.

제22조(공공플랫폼 지수 · 지표 개발) 과학기술정보통신부장관 또는 공공플랫폼진흥협회는 공공플랫폼서비스 등 공공플랫폼 수준의 국제 비교, 공공플랫폼 이용 등과 관련된 종합적 정보 제공, 관련 정책 수립 등을 위하여 공공플랫폼과 관련된 지수(指數) 및 지표(指標)를 개발하여 공표할 수 있다.

제23조(기술기준) ① 공공플랫폼을 운영하는 기관은 그 설비를 대통령령으로 정하는 기술기준에 적합하게 하여야 한다.
② 공공플랫폼사업자 또는 운영기관은 과학기술정보통신부장관이 정하여 고시하는 공공플랫폼설비를 설치하거나 설치한 설비를 확장한 경우에는 공공플랫폼서비스를 제공하기 전에 그 공공플랫폼설비가 제1항에 따른 기술기준에 적합한지를 시험하고 그 결과를 기록 · 관리하여야 한다. 다만, 공공플랫폼설비를 임차하여 공공플랫폼서비스를 제공하는 등 대통령령으로 정하는 공공플랫폼사업자의 경우에는 그러하지 아니하다.
③ 공공플랫폼설비의 설치 및 보전은 설계도서에 따라 하여야 한다.
④ 제3항에 따른 설계도서의 작성에 필요한 사항은 대통령령으로 정한다.
⑤ 과학기술정보통신부장관은 공공플랫폼설비가 기술기준에 적합하게 설치 · 운영되는지를 확인하기 위하여 다음 각 호의 어느 하나에 해당하는 경우에는 소속 공무원으로 하여금 공공플랫폼설비를 설치 · 운영하는 자의 설비를 조사하거나 시험하게 할 수 있다.
1. 공공플랫폼설비 관련 시책을 수립하기 위한 경우
2. 국가비상사태에 대비하기 위한 경우
3. 재해 · 재난 예방을 위한 경우 및 재해 · 재난이 발생한 경우
4. 공공플랫폼설비의 이상으로 광범위한 공공플랫폼 장애가 발생할 우려가 있는 경우

제5장 공공플랫폼발전기금

제24조(공공플랫폼발전기금의 설치) 과학기술정보통신부장관과 공공플랫폼진흥협회는 공공플랫폼의 진흥을 지원하기 위하여 공공플랫폼발전기금(이하 "기금"이라 한다)을 설치한다.

第25조(기금의 조성) ① 기금은 다음 각 호의 재원으로 조성한다.
1. 정부의 출연금 또는 융자금
2. 광고수익
3. 공공플랫폼사업자의 출연금
4. 기금 운용에 따른 수익금
5. 그 밖에 대통령령으로 정하는 수입금

② 공공플랫폼진흥협회는 공공플랫폼광고사업자로부터 전년도 공공플랫폼광고 매출액에 그 100분의 6의 범위에서 공공플랫폼위원회가 정하여 고시하는 징수율을 곱하여 산정한 분담금을 징수할 수 있다.
③ 과학기술정보통신부장관과 공공플랫폼진흥협회는 대통령령으로 정하는 바에 따라 사업 규모나 부담 능력이 일정한 기준에 미치지 못한 자에 대하여는 제1항제2호의 분담금을 면제하거나 경감할 수 있으며, 공공플랫폼의 공공성 · 수익성과 공공플랫폼사업자의 재정상태 등에 따라 공공플랫폼사업자별로 그 징수율을 차등 책정할 수 있다.
④ 과학기술정보통신부장관과 공공플랫폼진흥협회는 제1항제2호에 따른 분담금의 부과금액이 대통령령으로 정하는 기준을 초과하는 경우에는 대통령령으로 정하는 바에 따라 그 금액을 분할하여 내게 할 수 있다.
⑤ 과학기술정보통신부장관과 공공플랫폼진흥협회는 제2항의 규정에 따라 분담금을 납부하여야 할 자가 납부기한까지 이를 납부하지 아니한 때에는 체납된 금액의 100분의 3을 초과하지 아니하는 범위에서 대통령령으로 정하는 바에 따라 가산금을 부과할 수 있다.
⑥ 과학기술정보통신부장관과 공공플랫폼진흥협회는 제1항제2호의 광고수익 및 제5항에 따른 가산금을 납부하여야 할 자가 납부기한까지 이를 납부하지 아니한 때에는 국세 체납처분의 예에 따라 징수한다.
⑦ 제2항부터 제6항까지의 규정에 따른 분담금의 산정 및 징수 등에 필요한 사항은 대통령령으로 정한다.

第25조의2(분담금에 대한 이의신청) ① 第25조제2항에 따라 분담금을 부과받은 자가 부과된 분담금에 대하여 이의가 있는 경우에는 부과받은 날부터 60일 이내에 과학기술정보통신부장관 또는 공공플랫폼진흥협회에 이의를 신청할 수 있다.
② 과학기술정보통신부장관 또는 공공플랫폼진흥협회는 제1항에 따른 이의

신청을 받았을 때에는 그 신청을 받은 날부터 30일 이내에 이를 심의하여 그 결과를 신청인에게 서면으로 알려야 한다.
③ 제25조제2항 분담금 부과에 이의가 있는 자는 제1항에 따른 이의신청 여부와 관계없이 「행정심판법」에 따른 행정심판을 청구하거나 「행정소송법」에 따른 행정소송을 제기할 수 있다.

第26조(기금의 용도) ① 기금은 다음 각 호의 어느 하나에 해당하는 사업에 사용된다.
1. 공공플랫폼에 관한 연구개발 사업
2. 공공플랫폼 관련 표준의 개발, 제정 및 보급 사업
3. 공공플랫폼 관련 인력 양성 사업
4. 공공플랫폼서비스 활성화 및 기반 조성을 위한 사업
5. 공익 · 공공을 목적으로 운영되는 공공플랫폼 지원
6. 공공플랫폼콘텐츠 제작 · 유통 및 부가서비스 개발 등 지원
7. 이용자가 직접 제작한 공공플랫폼프로그램 및 공공플랫폼 교육 지원
8. 이용자의 피해구제 및 권익증진 사업
9. 공공플랫폼광고 발전을 위한 지원
9의2. 「방송광고판매대행 등에 관한 법률」 제23조제7항에 따른 방송광고균형발전위원회 운영 비용 지원
10. 공공플랫폼 소외계층의 공공플랫폼 접근을 위한 지원
11. 공공플랫폼 관련 국제 교류 · 협력 및 남북 교류 · 협력 지원
12. 해외 한국어 공공플랫폼 지원
13. 그 밖에 공공플랫폼 발전에 필요하다고 인정되는 사업

② 과학기술정보통신부장관과 공공플랫폼진흥협회는 기금의 일부를 공공플랫폼의 공공성 제고와 공공플랫폼 진흥 및 이용자 복지를 위하여 융자 및 투자재원으로 활용할 수 있다.
③ 과학기술정보통신부장관과 공공플랫폼진흥협회는 기금을 사용하는 자가 그 기금을 지원받은 목적 외로 사용한 경우에는 목적 외로 지출된 기금을 환수할 수 있다.
④ 과학기술정보통신부장관과 공공플랫폼진흥협회는 제3항에 따른 환수 처분을 받은 자가 환수금을 기한 내에 납부하지 아니하면 기한을 정하여 독촉을 하고, 그 지정된 기간에도 납부하지 아니하면 국세 체납처분의 예에 따라 징수할 수 있다.

第27조(기금의 관리 · 운용) ① 기금은 과학기술정보통신부장관과 공공플랫폼진흥협회가 관리 · 운용한다.
② 기금의 공정하고 효율적인 관리 · 운용을 위하여 공공플랫폼발전기금운용심의회를 둔다.
③ 공공플랫폼발전기금운용심의회의 위원은 10명 이내로 하며, 공공플랫폼진흥협회와 협의를 거쳐 과학기술정보통신부장관이 임명한다.
④ 공공플랫폼발전기금운용심의회의 구성과 운영에 관하여 필요한 사항은 대통령령으로 정한다.
⑤ 과학기술정보통신부장관과 공공플랫폼진흥협회는 대통령령으로 정하는 바에 따라 기금의 징수 · 운용 · 관리에 관한 사무의 일부를 공공플랫폼 업무와 관련된 기관 또는 단체에 위탁할 수 있다.
⑥ 기금의 운용 및 관리에 필요한 구체적인 사항은 대통령령으로 정한다.

제6장 공공플랫폼의 광고

第28조(한국공공플랫폼 광고 위원회) ① 과학기술정보통신부 장관과 공공 플랫폼진흥협회는 공공플랫폼서비스의 광고 수익을 위하여 공공 플랫폼 광고 위원회를 둘 수 있다.
② 공공플랫폼을 운영하는 기관은 유료광고를 게재할 수 있다.
③ 광고 위원회의 업무, 조직구성에 관해서는 대통령령으로 정한다.

제6장 공공플랫폼 이용자의 보호

第29조(이용자의 권익 보호) ① 플랫폼운영기관은 플랫폼서비스 제공과 관련하여 이용자의 개인 신상 등 노출되지 않도록 보호하여야 한다.
② 누구든지 정당한 사유 없이 플랫폼을 이용하여 타인의 명예를 훼손하거나 권리를 침해하여서는 아니 된다.
③ 플랫폼의 개인정보보호는 「개인정보보호법」에 따른다.

第30조(플랫폼의 해킹 방지) ① 플랫폼을 운영하는 정부기관은 이용자의 개인정보 보호를 위하여 해킹방지 계획을 수립하여야 한다.
② 정부기관은 정보보호위원회로부터 해킹방지 이행실태를 평가 받을 수 있

다.

제31조(정보보호위원회) ①개인정보보호와 해킹방지를 위하여 정보보호위원회를 둘 수 있다.

② 정보보호위원회의 조직, 업무, 운영은 대통령령으로 정한다.

제7장 플랫폼 재난의 관리

제32조(공공 플랫폼재난관리기본계획의 수립) ① 과학기술정보통신부장관과 플랫폼진흥협회는 「재난 및 안전관리기본법」에 따른 재난이나 「자연재해대책법」에 따른 재해 및 그 밖에 물리적 · 기능적 결함 등(이하 "방송통신재난"이라 한다)의 발생을 예방하고, 재난을 신속히 수습 · 복구하기 위한 공공 플랫폼 재난관리기본계획을 수립 · 시행하여야 한다.

② 플랫폼 재난관리기본계획에는 다음 각 호의 사항이 포함되어야 한다.

1. 재난이 발생할 위험이 높거나 재난의 예방을 위하여 계속적으로 관리할 필요가 있는 지역 등의 지정 및 관리에 관한 사항

2. 국민의 생명과 재산 보호를 위한 신속한 재난방송 실시에 관한 사항

3. 재난에 대비하기 위하여 필요한 다음 각 목에 관한 사항

가. 이중 플랫폼 운영 경로의 확보

나. 플랫폼 연계 운용을 위한 정보체계의 구성

다. 피해복구 물자의 확보

4. 그 밖에 플랫폼의 재난관리에 필요하다고 인정되는 사항

제33조(공공 플랫폼 재난관리기본계획의 수립절차) ① 과학기술정보통신부장관과 공공플랫폼진흥협회는 공공 플랫폼 재난관리기본계획의 수립지침을 작성하여 이용자에게 통보하여야 한다.

제34조(공공 플랫폼 재난관리책임자의 지정) ① 공공 플랫폼을 운영자는 자 또는 공공기관은 공공 플랫폼 재난 업무를 담당하도록 하기 위하여 공공 플랫폼 재난관리책임자를 지정하여야 한다.

② 공공 플랫폼 재난관리책임자의 자격요건과 그 밖의 지정에 필요한 사항은 대통령령으로 정한다.

제40조의4(과징금) ① 과학기술정보통신부장관과 방송통신위원회는 제36조의2제2항에 따른 시정명령에 따르지 아니한 주요방송통신사업자에게 대통령령

으로 정하는 매출액의 100분의 3 이하에 해당하는 금액을 과징금으로 부과할 수 있다. 이 경우 주요방송통신사업자가 매출액 산정 자료의 제출을 거부하거나 거짓 자료를 제출하면 해당 방송통신사업자 및 동종 유사 서비스 제공 사업자의 재무제표 등 회계 자료와 가입자 수 및 이용요금 등 영업 현황 자료에 근거하여 매출액을 추정할 수 있다.

② 과학기술정보통신부장관과 방송통신위원회는 제1항에 따른 과징금을 부과하는 경우에는 다음 각 호의 사항을 고려하여야 한다.

1. 위반행위의 내용 및 정도

2. 위반행위의 기간 및 횟수

3. 위반행위로 인하여 취득한 이익 또는 비용절감의 규모

4. 위반행위를 한 주요방송통신사업자의 방송통신서비스 매출액

③ 과학기술정보통신부장관 또는 방송통신위원회는 제1항에 따른 과징금을 내야 할 자가 납부기한까지 과징금을 내지 아니하면 납부기한의 다음 날부터 과징금을 낸 날의 전날까지의 기간에 대하여 체납된 과징금의 연 100분의 6에 해당하는 가산금을 징수한다. 이 경우 가산금을 징수하는 기간은 60개월을 초과하지 못한다.

④ 과학기술정보통신부장관 또는 방송통신위원회는 제1항에 따른 과징금을 내야 할 자가 납부기한까지 과징금을 내지 아니하면 기간을 정하여 독촉하고, 그 지정된 기간에 과징금 및 제3항에 따른 가산금을 내지 아니하면 국세 체납처분의 예에 따라 징수한다.

⑤ 법원 판결 등의 사유로 제1항에 따라 부과된 과징금을 환급하는 경우에는 과징금을 낸 날부터 환급하는 날까지의 기간에 대하여 금융회사 등의 예금이자율 등을 고려하여 대통령령으로 정하는 이자율에 따라 계산한 환급가산금을 지급하여야 한다.

⑥ 제5항에도 불구하고 법원의 판결에 의하여 과징금 부과처분이 취소되어

그 판결이유에 따라 새로운 과징금을 부과하는 경우에는 당초 납부한 과징금에서 새로 부과하기로 결정한 과징금을 공제한 나머지 금액에 대해서만 환급가산금을 계산하여 지급한다.

⑦ 제1항부터 제6항까지에서 규정한 사항 외에 과징금의 부과 및 징수 등에 필요한 사항은 대통령령으로 정한다.

부산광역시 10대 국제허브도시 발전(안)

1. 청년인턴청 유치, 청년인턴협약 공기업, 은행 등 1000개 협약 맺자
2. 노·사·정 청년인턴 협약 선언하자
3. 해양수산조선 공기업 신설하자
 - 해양수산조선 정보산업 진흥원, 플랫폼 산업협회, 해양모빌리티 산업 진흥원, 해양치유센터
4. 세계 최초 플랫폼 촉진 조례로 서로 칭찬하자
 - 시정 참여 마일리지를 세계 최초로 운영하자
5. 연예인 예술촌으로 천만 관광객 유치하자
6. 부산시 최초 방문 상품권 500만장 배포로 천만 관광객 유치하자
7. 아파트 문화 인증제로 아파트를 대표 상품으로 만들자
8. 부산발전 기여자, 부산 리더 100명을 매년 선정하자
9. 여성 유입정책 10가지를 팩키지로 제공하자
10. 10만 게스트 하우스를 운영하자
11. 국제교환학생 교환센터 운영으로 외국학생 10만명을 유치하자
 - 국제 선생님 교환센터를 운영하여 교육을 수출하자
 - 싱가폴 같이 세계적인 교육 허브도시로 만들자, 영어 필수 강의로 강의
 - 외국에 글로벌 체인학교 100개
12. 국제 공무원 교환센터를 운영하여 수출 촉진하자
 - 국제 봉사 센터를 운영하여 부산 브랜드를 수출하자
13. 외국에 체인 병원 1000개를 만들자
 - 글로벌 의사 교환센터를 만들자
14. 가덕 신공항 근처 낙동강 하구 천만평 국가정원을 만들자
 - 부산시 10대 공원 사업 추진하자
15. 동네용 단란 스포츠 대회로 스포츠를 즐기자
16. 수상레저 올림픽 선수촌을 만들자
17. 동네 봉사센터로 도시 브랜드를 수출하자
18. 골목 차량을 없애고 동네 담장을 꽃으로 덮자
19. 금정산, 영도를 세계적인 문화 예술의 메카로 육성하자

「부산시 디지털 플랫폼 정부 시민 실천본부」 설립(안)

- 디지털플랫폼정부위원회-
윤석열 정부의 대표 국정과제 중 디지털플랫폼정부 구축을 위해 설치된 대통령 직속 자문위원회이다.
2022년 7월 1일, 윤석열 정부에서 '디지털플랫폼정부위원회의 설치 및 운영에 관한 규정'이 대통령령으로 공포되어 출범했다.
2022년 7월 29일, 윤석열 대통령은 고진 한국메타버스산업협회 회장을 디지털플랫폼정부위원회 위원장으로 위촉하였다.
2022년 9월 2일, 정식 출범했다.

□ 현황 및 문제점

ㅇ 중앙 정부에서는 우리나라 국가 모델을 디지털 플랫폼 정부로 규정하고 공공 분야의 디지털 환경을 개선 중이므로 부산시와 같은 지방정부도 중앙 정부와 같은 노력이 필요

ㅇ 중앙정부와 같은 보조를 취하여, 위원회를 구성하여 활동하면, 중앙정부 위원회와 정보 교환을 할 수 있고, 시범도시로 선정하여 추진하면, 부산시 공공 플랫폼 발전을 획기적으로 개선할 수가 있음

ㅇ 디지털 플랫폼을 지자체 행정에 적용할 경우, 시민 체감도나 효과가 직접적으로 매우 빠르게 나타날 수 있으나, 아직 어느 지자체도 디지털 플랫폼 정부에 대하여 준비를 하고 있지 않음

ㅇ 부산시는 디지털 플랫폼을 부산시나 부산시 산하 공기업에 적용하여 그 효과를 쉽게 검증할 수 있음

□ 추진방안: 사단법인 설립하여 디지털 플랫폼 정부 시민운동 전개

ㅇ 1안) 부산시 디지털 플랫폼 시민실천 운동을 위한 연구 용역 실시
- 연구용역비 1억, 용역기간 6개월
- 연구용역범위: 부산시 플랫폼 운영을 위한 조례 제정안, 중앙정부 플랫폼 위원회와 협조 방안, 부산시 공공 플랫폼 평가 방안, 부산시민 공

공 플랫폼 실천 방안 등

ㅇ 2안) 부산시 디지털 플랫폼 위원회 설립, 운영
- 중앙 정부와 유사하게 각계 전문가 구성

ㅇ 3안) 플랫폼 시민 실천 운동 본부 사단법인 설립
- 2-3년으로 제한하여 운영

□ 기대효과

ㅇ 부산시가 지자체 중 전국 최초로 디지털 플랫폼 위원회를 운영함으로써 중앙정부로부터 시범실시 도시로 인정 받을 수 있음

ㅇ 부산시가 지자체 중 최초로 디지털 플랫폼 위원회를 운영하고, 중앙정부 위원회와 고급 정보를 교환할 수 있으며, 중앙정부가 운영하는 위원회 지자체 모델을 선도할 수 있음

ㅇ 중앙정부는 법 제정 등 기간이 많이 걸리지만, 부산은 조례 제정으로 단시간에 시행하고 수정할 수 있어 테스트 베드 역할을 충분히 수행할 수 있으며, 부산시 산하 공기업에 적용시 행정 효율 개선을 쉽게 할 수 있음

ㅇ 메타버스 중심도시, 플랫폼 도시로 성장하여 미래도시 모델 개척에 앞장서게 되고, 미래 디지털 기업을 유치하게 되어 부산 중심 산업이 디지털 기업으로 전환하고 부산시 전체 매출 증대

ㅇ 공공 플랫폼이 부산시 미래 먹거리 산업이 되고, 연봉이 높은 IT 고급 직장이 새로 생김

부산시 디지털 플랫폼 시민운동본부 설립(안)

조례제정 2022.12

제1조(목적) 본부의 설립목적은 부산시 산하 공공기관 또는 공기업에서 운영하는 빅데이터의 발전을 기하고, 시민의 빅데이터 활용을 촉진하기 위하여 빅데이터를 평가하는 지표와 평가하는 방법을 개발하고 그 적용을 촉진하는 것을 목적으로 한다.

제2조(명칭) ① 명칭은 부산시 디지털 플랫폼 시민운동본부로 칭한다.

제3조(정의) ① 디지털 평가라 함은 정부 중앙정부 플랫폼 위원회 추진사항인 빅데이터의 개방, 공유, 소통, 협력에 대한 평가를 말한다.
② 참여기관이라 함은 부산시의 공기업, 협회, 민간 기업 등 일정한 조직을 말한다.
③ 간사기관이라 함은 참여기관 중에서 중심적인 역할을 하는 기관을 말한다.
④ 개인회원이라 함은 자발적으로 참여하는 회원을 말한다.
⑤ 시민운동이라 함은 생활의 디지털 화를 촉진하기 위하여 국민이 동참하는 운동을 말한다.

제4조(사무소) ① 본부는 효율적 운영을 위하여 사무국을 둔다.
② 본부는 이사장의 책임하에 관리한다.
③ 사무국은 다음 각 호의 업무를 수행한다.

1. 시민운동본부 운영위원회 개최 지원
2. 시민운동본부 참여기관 관리 및 사업계획 수립 등 전반적인 운영에 관한 사항
3. 디지털 시민운동 등 캠페인 실시방안 마련
4. 디지털 문화사업 발굴 및 타 기관과의 협력 증진에 관한 사항
5. 운영위원회에서 결정된 사항의 지역본부에의 전파 · 집행
6. 시민운동 실천본부 활동상황 발간 · 배포 등 대외 홍보
7. 기타 운영위원회에서 위탁한 사항

제5조(부산시 운동본부 등) ① 디지털 활용 확산을 촉진하기 위하여 종합적

인 관점에서 일관성 있게 수립·추진하고, 참여기관 간의 협의가 필요한 사항을 효율적으로 협의·조정하기 위하여 디지털 플랫폼 운영위원회(이하 운영위원회)를 둘 수 있다.

② 운영위원회는 다음 각 호의 사항을 협의·조정한다.

1. 디지털 활용 기본방향 정립 및 실천과제 도출
2. 디지털 활용 교육교재 및 프로그램 개발 보급
3. 디지털 활용 확산을 위한 시민운동 및 캠페인 전개
4. 디지털 활용 제도 관련 기관·단체간 협력증진에 관한 사항
5. 그 밖에 디지털 활용 목적 수행을 위하여 필요한 사항

③ 운영위원회의 위원은 위원장 2명을 포함한 30명 이내의 위원으로 구성한다.

④ 운영위원회의 위원장(이하 "위원장"이라 한다)은 위원 중에서 선임하며, 위원은 참여기관 중에서 디지털 활용에 관한 학식과 경험이 풍부한 사람으로서 위원장이 위촉하는 사람으로 한다.

⑤ 운영위원회의 사무를 처리하기 위하여 간사 2명을 두되, 위원장이 지명한 자로 한다.

⑥ 위원장을 포함한 위원의 임기는 2년으로 하되, 연임할 수 있다. 보궐위원의 임기는 전임자의 남은 기간으로 하며, 당연직 위원은 재직기간으로 한다.

제6조(부산시민 디지털 실천본부 운영위원회 구성·기능 등) ① 디지털 시민생활문화를 촉진하기 위하여 디지털 시민 실천본부를 운영할 수 있다.

② 디지털 시민실천 운동을 종합적인 관점에서 일관성 있게 수립·추진하고, 참여기관 간의 협의가 필요한 사항을 효율적으로 협의·조정하기 위하여 디지털 시민 실천본부 운영위원회(이하 "운영위원회"라 한다)를 둘 수 있다.

③ 운영위원회는 다음 각 호의 사항을 협의·조정한다.

1. 디지털 활용 문화운동 기본방향 정립 및 실천과제 도출
2. 디지털 활용 문화 교육교재 및 프로그램 개발 보급
3. 디지털 문화활동 확산을 위한 국민운동 및 캠페인 전개
4. 디지털 문화 관련 기관·단체간 협력증진에 관한 사항
5. 그 밖에 디지털 국민 운동본부 목적 수행을 위하여 필요한 사항

④ 운영위원회의 위원은 위원장 2명을 포함한 30명 이내의 위원으로 구성한다.

⑤ 운영위원회의 위원장(이하 "위원장"이라 한다)은 당연직인 디지털 평가협회 위원장과 운영위원회 위원 중에서 선임된 민간위원이 공동위원장이 되

며, 위원은 실천본부 참여기관 중에서 디지털문화에 관한 학식과 경험이 풍부한 사람으로서 위원장이 위촉하는 사람으로 한다.

⑥ 운영위원회의 사무를 처리하기 위하여 간사 2명을 두되, 위원장이 지명한 자를 간사로 한다.

⑦ 위원장을 포함한 위원의 임기는 2년으로 하되, 연임할 수 있다. 보궐위원의 임기는 전임자의 남은 기간으로 하며, 당연직 위원은 재직기간으로 한다.

제7조(운영위원회 회의 등) ① 운영위원회는 위원장, 위원, 간사로 구성한다.

② 운영위원회는 위원장의 소집으로 개최하며 위원 3분의 1이상의 출석으로 개회하고, 위원장을 제외한 위원의 경우에는 대리인을 참석시킬 수 있다. 이 경우 대리인은 회의 개최 전까지 위임장을 제출해야 한다.

③ 위원장이 부득이한 사유로 직무를 수행할 수 없는 경우에는 위원장이 미리 지명한 위원이 그 직무를 대행한다.

④ 운영위원회는 위원장을 포함한 재적위원 과반수의 출석과 출석위원 과반수의 찬성으로 의결한다. 다만, 위임장을 제출한 대리인의 경우에는 의결권을 행사할 수 있다.

⑤ 운영위원회 소집 시에는 회의안건, 일시 및 장소를 명기하여 회의개최 5일 전까지 서면으로 위원에게 통지해야 한다. 다만, 긴급한 사유가 있는 경우에는 회의일시 등을 회의 전날까지 통보할 수 있다.

⑥ 운영위원회는 필요한 경우 서면으로 대체할 수 있으며, 운영위원 과반수의 찬성으로 의결한다.

⑦ 그 밖에 운영위원회의 운영에 필요한 사항은 운영위원회의 의결을 거쳐 위원장이 정한다.

제8조(총회 개최 · 운영) ① 부산시 기관이 모두 참석하는 총회는 매년 1회 개최를 원칙으로 하되, 필요시 운영위원회의 의결이 있는 경우에는 개최할 수 있다.

② 총회를 개최하는 경우 전국적인 디지털 문화운동의 일환으로 디지털 문화 캠페인을 실시한다.

제8조(실무협의회 구성 · 운영) ① 부산시 산하 공공기관은 운영위원회에서 결정된 사항을 효율적으로 집행하기 위하여 실무협의회를 둘 수 있다.

② 실무협의회는 다음 각 호의 업무를 수행한다.

1. 각 공공기관별 디지털 문화 캠페인 추진방안 마련 및 시행

2. 디지털 플랫폼 성과의 대외 홍보
3. 참여자 모집 및 운영효과 모니터링
4. 기타 디지털 플랫폼 운영에 필요한 사항

③ 실무협의회의 위원은 단체 · 협회 또는 기관의 업무담당자로 구성한다.
④ 실무협의회의 위원장은 위원장이 지명한 자가 된다.
⑤ 그 밖에 실무협의회의 운영에 필요한 사항은 공공기관장이 정한다.

제10조(고문 위촉) ① 디지털 플랫폼 활용 및 디지털 문화운동에 대한 범시민적인 의견을 종합하고 자문 및 제언 등을 위해 위원장 소속으로 5인 이내의 고문을 둘 수 있다.
② 고문은 디지털 분야에 학식과 덕망이 있는 인사 중에서 운영위원회의 의결을 거쳐 위촉한다.
③ 고문의 임기는 2년으로 하되, 연임할 수 있다.
④ 고문에 대하여는 예산의 범위안에서 수당 · 여비 기타 필요한 경비를 지급할 수 있다.

제11조(관계기관 등에 대한 협조요청) 부산시 디지털 플랫폼 운영위원회 · 실무협의회는 업무를 수행하기 위하여 필요한 때에는 전문적인 지식과 경험이 있는 관계 공무원 또는 전문가의 의견을 듣거나 관계기관 · 단체 등에 자료 또는 의견의 제출 등 필요한 협조를 요청할 수 있다.

부칙

제1조(시행일) 이 조례는 부산시 의회를 통과한 날부터 효력이 발생한다.

「해수부 디지털 공공 플랫폼 위원회」 설립·운영(안)

- 디지털플랫폼정부위원회-
윤석열 정부의 대표 국정과제 중 디지털 플랫폼정부 구축을 위해 설치된 대통령 직속 자문위원회이다. 2022년 7월 1일, 윤석열 정부에서 '디지털플랫폼정부위원회의 설치 및 운영에 관한 규정'이 대통령령으로 공포되어 출범했다. 2022년 7월 29일, 윤석열 대통령은 고진 한국메타버스산업협회 회장을 디지털플랫폼정부위원회 위원장으로 위촉하였다. 2022년 9월 2일, 정식 출범했다.

□ 현황 및 문제점

ㅇ 중앙 정부에서는 2022.9.2. 디지털 플랫폼 정부 위원회를 출범했으므로, 각 부처에서도 부처별 디지털 플랫폼 위원회를 운영하여 부처별로 적합한 디지털 플랫폼 발전 방안을 수립하여 시행해야 함

ㅇ 우리나라 국가 모델을 디지털 플랫폼 정부로 규정하고 공공 분야의 디지털 환경을 개선 중이므로 해수부도 디지털 플랫폼 운영에 대한 비전, 필요성 등 미래 발전 방안을 논의해야 함

ㅇ 중앙정부가 플랫폼 정부 위원회를 운영 기간에 같은 보조를 취하여, 해수부에서도 위원회를 구성하여 활동하면, 중앙정부 위원회와 정보 교환을 할 수 있고, 시범 부처로 선정되는 등 해수부 인센티브가 많음

ㅇ 디지털 플랫폼을 해수부 행정에 적용할 경우, 시민 체감도나 효과가 직접적으로 매우 빠르게 나타날 수 있으나, 아직 해수부 내에서 디지털 플랫폼 정부에 대하여 준비를 하고 있지 않음

ㅇ 연구용역이 필수적으로 필요하며, 해수부에서 연구용역 추진시 예산 마련, 또는 국책연구소 발주 등을 통하여 해야 하므로 절차가 복잡해지고, 기술적인 연구용역만 되어 해결방법은 제시하지 못할수도 있으므로 제3의 단체에서 연구용역을 주도할 필요성이 있음

ㅇ 해수부 산하 공공 기관이나 단체가 많으므로, 그 단체에서 제1차 연구용역을 시행하는 것이 자유스런 방식으로 효과적인 연구용역이 이루어짐

□ 추진방안: 산하 단체에서 연구용역 추진 및 캠페인 전개

- 연구용역 발주- 해양수산 공공기관단체 공공 디지털 플랫폼 운영 고시안 제정- 해양수산부 건의

o 1안) 해양분야 디지털 플랫폼 연구용역 실시

- 연구용역비 3천 또는 5천, 용역기간 6개월
- 연구용역 발주자: 000협회, 000협회 등
- 연구용역범위: 부산시 플랫폼 운영을 위한 고시 제정안, 중앙정부 플랫폼 위원회와 협조 방안, 해양분야 및 해수부 공공 플랫폼 평가 방안, 해양분야 공공 플랫폼 실천 방안 등

o 2안) 해수부 디지털 플랫폼 위원회 설립, 운영

- 중앙 정부와 유사하게 각계 전문가 구성

o 3안) 플랫폼 시민 실천 운동 본부 사단법인 설립

- 2-3년으로 제한하여 운영

□ 기대효과

o 산하단체에서 1차로 연구용역을 실시하면 비용도 적게 들면서 공공 디지털 위원회를 주도할 수 있고, 2차, 3차 연구용역의 방향을 제시가능

o 2차, 3차 연구용역은 정부 연구 기관에서 지속적으로 하게 될 것이므로, 1차 연구용역은 저비용으로 지속적인 연구를 촉진하는 계기를 마련해 줌

o 산하단체에서 자발적으로 연구용역을 실시하여 대안을 제시하고, 민간 주도 공공 플랫폼으로 발전할 수 있음

o 전국에서 최초로 디지털 플랫폼을 운영하여, 해수부 디지털 위원회 운영에 모델을 제시해 줄 수 있음

o 000협회가 연구용역을 착공하고, 보도자료 등을 배포함으로써 공익활동에 기여하고, 000 협회의 브랜드 이미지 제고에 큰 기여

o 부산항에서 전국 최초로 디지털 플랫폼 위원회를 운영함으로써 중앙정부로부터 시범실시 도시로 인정 받을 수 있음

- ㅇ 중앙정부 디지털 플랫폼 위원회와 고급 정보를 교환할 수 있으며, 중앙 정부가 운영하는 위원회에 성공 모델을 제시할 수 있음
- ㅇ 해수부에 정식으로 "해수부 디지털 플랫폼 고시"를 제정하도록 건의 할 수 있어, 해수부가 적합하다고 할 경우, 장관고시만 제정해두면 되므로 해수부는 000협회와 협력관계가 돈독해 짐

o 해수부 전 산하기관에 디지털 공공 플랫폼을 적용할 수 있으므로, 해수부 전체 고객만족도가 상승하고 해양 이미지 및 해수부 이미지 개선에 기여

- ㅇ 000협회가 공공 플랫폼 산업 발전에 기여하고, 해양분야 미래 먹거리 산업이 되고, 연봉이 높은 IT 고급 직장이 새로 생김

해양수산분야 디지털 공공 플랫폼 고시 제정(안)

고시제정 2022.12

제1조(목적) 해양분야 공공 플랫폼 제정 목적은 해수부 산하 공공기관 또는 공기업에서 운영하는 빅데이터의 발전을 기하고, 이용자의 빅데이터 활용을 촉진하기 위하여 빅데이터를 평가하는 지표와 평가하는 방법을 개발하고 그 적용을 촉진하는 것을 목적으로 한다.

제2조(정의) ① 공공 플랫폼이라 함은 해수부 산하 공공기관 또는 단체의 플랫폼을 말한다.
② 공공 디지털 시민 캠페인이라 함은 시민이 해양수산 분야 공공 디지털 플랫폼 사용을 활성화하기 위하여 자발적으로 전개하는 캠페인을 말한다.
③ 디지털 평가라 함은 정부 공공 플랫폼 위원회 추진사항인 빅데이터의 개방, 공유, 소통, 협력에 대한 평가를 말한다.
④ 참여기관이라 함은 해양수산 분야의 공기업, 협회, 민간 기업 등 일정한 조직을 말한다.
⑤ 간사기관이라 함은 참여기관 중에서 중심적인 역할을 하는 기관을 말한다.
⑥ 개인회원이라 함은 자발적으로 참여하는 회원을 말한다.

제4조(사무소) ① 본부는 효율적 운영을 위하여 사무국을 둔다.
② 본부는 이사장의 책임하에 관리한다.
③ 사무국은 다음 각 호의 업무를 수행한다.

1. 시민운동본부 운영위원회 개최 지원
2. 시민운동본부 참여기관 관리 및 사업계획 수립 등 전반적인 운영에 관한 사항
3. 디지털 시민운동 등 캠페인 실시방안 마련
4. 디지털 문화사업 발굴 및 타 기관과의 협력 증진에 관한 사항
5. 운영위원회에서 결정된 사항의 지역본부에의 전파 · 집행
6. 시민운동 실천본부 활동상황 발간 · 배포 등 대외 홍보
7. 기타 운영위원회에서 위탁한 사항

제5조(공공 디지털 플랫폼 운동본부 등) ① 디지털 활용 확산을 촉진하기 위

하여 종합적인 관점에서 일관성 있게 수립·추진하고, 참여기관 간의 협의가 필요한 사항을 효율적으로 협의·조정하기 위하여 디지털 플랫폼 운영위원회(이하 운영위원회)를 둘 수 있다.

② 운영위원회는 다음 각 호의 사항을 협의·조정한다.

1. 디지털 활용 기본방향 정립 및 실천과제 도출
2. 디지털 활용 교육교재 및 프로그램 개발 보급
3. 디지털 활용 확산을 위한 시민운동 및 캠페인 전개
4. 디지털 활용 제도 관련 기관·단체간 협력증진에 관한 사항
5. 그 밖에 디지털 활용 목적 수행을 위하여 필요한 사항

③ 운영위원회의 위원은 위원장 2명을 포함한 30명 이내의 위원으로 구성한다.

④ 운영위원회의 위원장(이하 "위원장"이라 한다)은 위원 중에서 선임하며, 위원은 참여기관 중에서 디지털 활용에 관한 학식과 경험이 풍부한 사람으로서 위원장이 위촉하는 사람으로 한다.

⑤ 운영위원회의 사무를 처리하기 위하여 간사 2명을 두되, 위원장이 지명한 자로 한다.

⑥ 위원장을 포함한 위원의 임기는 2년으로 하되, 연임할 수 있다. 보궐위원의 임기는 전임자의 남은 기간으로 하며, 당연직 위원은 재직기간으로 한다.

제6조(해양수산 시민 디지털 실천본부 운영위원회 구성·기능 등) ① 디지털 시민 생활문화를 촉진하기 위하여 디지털 시민 실천본부를 운영할 수 있다.

② 디지털 시민실천 운동을 종합적인 관점에서 일관성 있게 수립·추진하고, 참여기관 간의 협의가 필요한 사항을 효율적으로 협의·조정하기 위하여 디지털 시민 실천본부 운영위원회(이하 "운영위원회"라 한다)를 둘 수 있다.

③ 운영위원회는 다음 각 호의 사항을 협의·조정한다.

1. 디지털 활용 문화운동 기본방향 정립 및 실천과제 도출
2. 디지털 활용 문화 교육교재 및 프로그램 개발 보급
3. 디지털 문화활동 확산을 위한 국민운동 및 캠페인 전개
4. 디지털 문화 관련 기관·단체간 협력증진에 관한 사항
5. 그 밖에 디지털 국민 운동본부 목적 수행을 위하여 필요한 사항

④ 운영위원회의 위원은 위원장 2명을 포함한 30명 이내의 위원으로 구성한다.

⑤ 운영위원회의 위원장(이하 "위원장"이라 한다)은 당연직인 디지털 평가협회 위원장과 운영위원회 위원 중에서 선임된 민간위원이 공동위원장이 되

며, 위원은 실천본부 참여기관 중에서 디지털문화에 관한 학식과 경험이 풍부한 사람으로서 위원장이 위촉하는 사람으로 한다.
⑥ 운영위원회의 사무를 처리하기 위하여 간사 2명을 두되, 위원장이 지명한 자를 간사로 한다.
⑦ 위원장을 포함한 위원의 임기는 2년으로 하되, 연임할 수 있다. 보궐위원의 임기는 전임자의 남은 기간으로 하며, 당연직 위원은 재직기간으로 한다.

제7조(운영위원회 회의 등) ① 운영위원회는 위원장, 위원, 간사로 구성한다.
② 운영위원회는 위원장의 소집으로 개최하며 위원 3분의 1이상의 출석으로 개회하고, 위원장을 제외한 위원의 경우에는 대리인을 참석시킬 수 있다. 이 경우 대리인은 회의 개최 전까지 위임장을 제출해야 한다.
③ 위원장이 부득이한 사유로 직무를 수행할 수 없는 경우에는 위원장이 미리 지명한 위원이 그 직무를 대행한다.
④ 운영위원회는 위원장을 포함한 재적위원 과반수의 출석과 출석위원 과반수의 찬성으로 의결한다. 다만, 위임장을 제출한 대리인의 경우에는 의결권을 행사할 수 있다.
⑤ 운영위원회 소집 시에는 회의안건, 일시 및 장소를 명기하여 회의개최 5일 전까지 서면으로 위원에게 통지해야 한다. 다만, 긴급한 사유가 있는 경우에는 회의일시 등을 회의 전날까지 통보할 수 있다.
⑥ 운영위원회는 필요한 경우 서면으로 대체할 수 있으며, 운영위원 과반수의 찬성으로 의결한다.
⑦ 그 밖에 운영위원회의 운영에 필요한 사항은 운영위원회의 의결을 거쳐 위원장이 정한다.

제8조(총회 개최 · 운영) ① 해양수산 분야 공공 단체가 모두 참석하는 총회는 매년 1회 개최를 원칙으로 하되, 필요시 운영위원회의 의결이 있는 경우에는 개최할 수 있다.
② 총회를 개최하는 경우 전국적인 디지털 문화운동의 일환으로 디지털 문화 캠페인을 실시한다.

제8조(실무협의회 구성 · 운영) ① 해양수산 산하 공공기관은 운영위원회에서 결정된 사항을 효율적으로 집행하기 위하여 실무협의회를 둘 수 있다.
② 실무협의회는 다음 각 호의 업무를 수행한다.
1. 각 공공기관별 디지털 문화 캠페인 추진방안 마련 및 시행

2. 디지털 플랫폼 성과의 대외 홍보
3. 참여자 모집 및 운영효과 모니터링
4. 기타 디지털 플랫폼 운영에 필요한 사항

③ 실무협의회의 위원은 단체 · 협회 또는 기관의 업무담당자로 구성한다.

④ 실무협의회의 위원장은 위원장이 지명한 자가 된다.

⑤ 그 밖에 실무협의회의 운영에 필요한 사항은 공공기관장이 정한다.

제10조(고문 위촉) ① 디지털 플랫폼 활용 및 디지털 문화운동에 대한 범시민적인 의견을 종합하고 자문 및 제언 등을 위해 위원장 소속으로 5인 이내의 고문을 둘 수 있다.

② 고문은 디지털 분야에 학식과 덕망이 있 인사 중에서 운영위원회의 의결을 거쳐 위촉한다.

③ 고문의 임기는 2년으로 하되, 연임할 수 있다.

④ 고문에 대하여는 예산의 범위안에서 수당 · 여비 기타 필요한 경비를 지급할 수 있다.

제11조(관계기관 등에 대한 협조요청) 해양수산 공공 디지털 플랫폼 운영위원회 · 실무협의회는 업무를 수행하기 위하여 필요한 때에는 전문적인 지식과 경험이 있는 관계 공무원 또는 전문가의 의견을 듣거나 관계기관 · 단체 등에 자료 또는 의견의 제출 등 필요한 협조를 요청할 수 있다.

부칙

제1조(시행일) 이 고시는 공포한 날부터 효력이 발생한다.

5부 디지털 아이디어 뱅크 설계도, 원조 아이디어

제목	디지털 아이디어뱅크 설립•운영 방안(혁신통합표준시스템 구축)
개요	각 조직의 내부혁신과 시민참여 외부혁신을 위한 첨단 시스템을 구축함으로써 혁신 상승효과를 극대화하고 혁신리더급 인재를 조기에 발굴하는 등 강력한 혁신동력을 확보
현황 및 문제점	o 내부혁신 시스템이 구축되어 있지 않아 혁신제안, 평가, 시행까지 문서로 시행되어 인력과 시간낭비요인이 됨 o 개인별 혁신마일리지제도가 없어 혁신리더 발굴 및 인재데이터베이스 작성 불가능 o 다면평가 등 정성적인 평가는 개발되어 있으나 혁신인재 양성을 위한 정량적인 평가는 전무한 실정 o 평가관 구성시 업무담당자로 구성되어 평가에 구조적인 한계가 있으며, 전문가의 참여가 불가능하여 혁신의 질적저하를 초래
개선방안	o 혁신시스템 구축으로 혁신 지수를 개발하고 혁신활동을 정량화 o 혁신마일리지 및 혁신 MASTER인증제도를 운영함으로써 혁신인재발굴 및 인재데이터베이스 작성 o 혁신제안부터 인사특전깢 프로세스개선으로 인력 및 시간낭비 요인을 제거하고 혁신관리 효율향상 o 혁신통합시스템에 인적•물적자원을 집중함으로써, 혁신의 활성화 및 장기적인 혁신동력 구축 o 민•관•학 참여형 혁신정보시스템 구축으로 국민의 혁신참여증대 및 외부 혁신활동 강화 o 공무원제안 훈령개정, 시민제안 훈령제정으로 혁신활동을 지원할 수 있는 제도적 장치 마련
기대효과	o 국내최초의 정량화된 표준시스템 구축으로 혁신관리 경비와 시간을 절감하고 내부의 대표적인 혁신성과물로 홍보가능 o 국내최초의 디지털혁신마일리지 시행으로 정부혁신활동 선도 o 혁신마스트인증제도 시행으로 100명의 혁신리더 조기발굴가능 o 인재 풀을 구성함으로써 인재 데이터베이스 작성시 용이 o 우수사례 매뉴얼 작성이 용이하고 혁신의 순환류 촉진 o 대(중소)기업에 인력관리프로그램의 공급으로 산업촉진효과

국가 경쟁력 지수 제고를 위한
디지털 아이디어 뱅크 설립•운영 방안

(구 혁신통합 표준 시스템 구축방안, 2005년 3월 제안)

검토배경 및 목적

ㅇ 혁신활동을 정량화한 통합시스템을 구축함으로써 혁신 효율향상하고 내부 대표 혁신브랜드로 육성
ㅇ 혁신마일리지 및 혁신 마스트제도를 운영함으로써 혁신리더를 발굴하고 핵심인재 데이터베이스를 구축(대통령 혁신토론회 지시 '05.1.29)
ㅇ 혁신활동과 관련된 전 부처 매뉴얼 및 시스템을 표준화함으로써 정부 효율 강화(대통령 혁신토론회 언급 '05.1.29)
ㅇ 혁신을 행정부의 단기목표 달성을 위한 전술적 도구 패러다임에서 국가의 미래를 위한 전략적 핵심 패더다임으로 전환
⇒ 혁신표준시스템을 브랜드화 함으로써 혁신 및 디지털 정부를 선도하고 정부 효율성 평가 세계 5위권내에 진입기반 제공

1. 현 실태 및 문제점

□ 정보화 시스템적 측면
ㅇ 제안부터 추진결과 까지 통합하는 표준혁신전용시스템 전무
- 혁신이 전부처의 핵심업무임에도 표준시스템이 없음
- 문서로 제안을 관리함으로 혁신효율 저하 및 혁신피로도 증대
- 담당자, 제안자 모두에게 불편을 초래하고 업무 효율 저하
* 2004년 혁신제안사항 399건이며 문서로 관리하는 실정
- 혁신관리카드 작성하기에 매우 불편하며 우수혁신사례 선순환 불가
- 혁신이 시스템화되지 않아 정부의 일과성 구호로 인식 경향
ㅇ 우리부 참여바다는 실천사례 중심의 폐쇄적 구조
- 업무혁신사례는 결과 중심으로 되어 있으나 환류사례는 전무
- 정책제안에 시민이 참여하나 질문과 답변형식이며 채택사례 전무
- 시민의 정책제안은 점수화되지 않고 업무혁신사례는 홍보용으로 그침

ㅇ 혁신관련 업무의 분산으로 집중력 저하
- 제안은 오키스의 변화혁신방, 정책아이디어 제안, 메일보내기로 분산
- 시민제안은 우리부 홈페이지 참여바다에 정책제안으로 따로 있음
- 공무원 제안과 시민제안은 분리되어 효율성 저하 초래

ㅇ 혁신아이디어 저장 공개기능이 없어 결과확인 불가
- 제안시 기 제출된 제안과 비교확인 불가능하여 제안자 애로 초래
* 혁신제안시 지난해 제안 399건을 모두 문서로 확인한 후 제안을 해야 하므로 시간 낭비
- 불채택제안이라도 재가공하여 업무개선에 활용할 수 있으나 재활용 기회 상실

ㅇ 우수사례의 순환류에 치명적인 애로 초래
- 벤치마킹하고자 할 경우 전화나 이메일로 문의해야 하는 번거로움
- 우수 사례의 경우 지속적인 FOLLOW-UP으로 확산이 필요하나 불가능

□ 평가적 측면

ㅇ 디지털 마일리지 제도가 없어 제안자 불편초래
- 혁신마일리지가 개발되지 않아 개인점수 확인이 불가능
* 오키스 지식몰, 에듀쉽 마일리지는 쉽게 확인 가능
- 우리부 전체, 소속기관, 팀(과)별, 개인별 혁신 수준 평가 불가능

ㅇ 정량적인 평가가 불가능한 구조적인 한계
- 평가지수부터 개발해야 하나 지수의 중요성에 대한 인식 부족
- 평가의 중요성에 대한 인식 저조로 지수개발의 의지 및 참여 부족
- 평가지수 개발시 전문가 미 참여로 평가의 객관성 미확보
- 고급지수의 개발이 저조하여 혁신의 질적 저하 초래
- 양질의 혁신은 양질의 평가지수부터라는 공감대 형성이 저조

ㅇ 평가관 역할 부적절로 혁신의 질적 저하 초래
- 평가관 구성시 업무 중심의 제한적이므로 집단적 판단이 우선
- 평가관이 채택여부까지 결정함으로써 채택률 저조현상 초래
* 혁신제안 399건에 채택 64건으로 아이디어 채택률 20%에 불과한 실정
- 평가관은 제안의 질적향상을 위한 자문역으로 전환되어야 함
- 평가관의 자의적인 판단은 대폭 줄이고 역할은 대폭 수정되어야 함
- 평가지수미개발, 일부 직원에 의한 평가로 정성적인 평가의 소지가 다분

ㅇ 평가관 POOL이 구성되지 않아 혁신의 질적저하 및 편협성 초래
- 평가관이 본부 직원으로만 되어 있고 지방청 실무 담당자는 배제되어 제안의 실효성 및 현실성 평가에 약점
- 업무의 추진 난이도에 따라 평가를 하므로 중대한 혁신은 불채택
- 전문가 미참여로 미래의 성장동력 발굴에 한계 노출

ㅇ 시민참여 부족으로 혁신피로도 증대 및 거부감 확대로 혁신무용론 대두
- END-USER인 시민의 미참여로 혁신의 실효성에 의구심 상존
- 이용자의 FEEDBACK이 불가능하여 혁신의 만족도 평가가 불가능
- 건수위주의 혁신으로 행정력을 낭비할 소지가 있음
- 창의성과 혁신성이 저조한 단순반복적인 혁신추진으로 피로도 가중우려

ㅇ 개인별 평가점수가 누적되지 않아 혁신지도자 선별 및 발굴 불가능
- 혁신지도자 발굴을 위한 정책이나 투자는 전무하고 구호에 그침
- 혁신리더의 필요성에 대한 공감 저조로 리더발굴의 기반조성에 애로
- 개인별, 팀별 활동에 대한 점수가 누적되지 않아 장기간 관찰 불가능

□ 인적인 측면
ㅇ 제안자⇛평가관의 2단계 구조이므로 혁신피로의 근본 원인
- 경직되고 무미건조한 혁신으로 인식되어 혁신 의지 및 동력 소진
- 자율적인 참여가 불가능한 구조로 되며 혁신 순환류를 차단
- 제안에 대한 모니터링, 검증 및 여론확산에 한계를 조성
- 쌍방향 혁신전문 도우미제도의 도입이 필요
ㅇ 혁신인재 기준이 없어 혁신리더발굴 및 인적 데이터베이스 구축 불가능
- 혁신리더 인증제도가 없으므로 혁신리더 발굴이 근본적으로 불가능
- 인재발굴 방안이 수립되지 않아 인재 POOL구성시 한계노출

ㅇ전략적 인재육성 방안 부재로 혁신인재 활용 전무
- 인재 조기발굴부터 교육, 배치 및 활용까지 마스트플랜 수립이 불가능
ㅇ제안자에 대한 지원 부족으로 혁신 저하 초래
- 제안자 지원과 양성에 집중하여야 하나 업무 지원이 부족
- 제안자 지원부족으로 제안자가 주위 팀원으로부터 '왕따현상' 초래
- 제안자를 지원할 도우미나 평가관의 컨설턴트형 지원은 전무
- 멘토, 평가관 지명 또는 경쟁제도 도입 필요

ㅇ 멘토, 평가관 선정시 객관성 미확보로 혁신추진력 저하
- 멘토, 평가관의 기준이 없어 멘토, 평가관 POOL구성 불가능
* 멘토 : 경험있는 컨설턴트 또는 후견인으로 제안자에게 도움 제공
- 멘토, 평가관 선정기준 마련하여 핵심인력 배치가 필요
- 선정시 에듀쉽 또는 지식몰 우수자 다면평가제 도입 필요

ㅇ 제안자, 멘토, 평가관 활동의 연계성 전무
- 제안에 대한 의견교환 부족으로 제안의도 및 기대효과 파악 미진
- 제안의 실천성이나 완성도를 제고하기 위해서 쌍방향대화 필수

□ 운영적 측면
ㅇ 기존 제안창구, 제안방식, 평가방식, 인사특전 등 상이로 제안자 혼란초래
- 행자부에서 주관하는 기존제안과 청와대가 주관하는 혁신제안이 상이

〈기존제안과 혁신제안 비교〉

구분	기존제안	혁신제안
제안방식	전 기관 동일한 양식으로 본부에 제출	• 우리부: 혁신메일송부 • 타기관: 기관마다 상이
평가방식	차관이 포함된 위원회	• 우리부: 본부 혁신평가팀 • 타기관: 기관마다 상이
인사특전	있음(포창 및 부상 있음)	• 없음(표창 및 부상 있음) • 타기관: 기관마다 상이
법적근거	대통령령 제16792호	없음
주관	총무처	청와대

□ 법적 측면
ㅇ 혁신활동에 대한 법적 근거가 없어 혁신의 시스템화 불가능
- 혁신의 연속성 및 지속성 저조의 원인이며 일과성 및 이벤트성 전락위기
- 법적 근거가 없으므로 지도자의 리더쉽에 의존하여 효율저조
- 공무원 제안규정이 따로 있으나 혁신 활동과는 무관하게 운영

ㅇ혁신제안은 인사상특전이 없으므로 제안자의 의지 저하

- 공무원제안규정상 인사상 특전을 부여토록 명문화되어 있으나 혁신제안은 법규정으로 명문화되어 있지 않음

* 공무원 제안 규정, 대통령령 제25조-인사상 특전

○ 시민참여를 위한 제안규정 미 제정으로 시민 참여 극히 저조

- 우리부는 공무원제안 훈련은 있으나 시민제안 훈련 없음

* 서울특별시: 시민제안에 대한 조례가 따로 있음

2. 개선방안

개선방향

- ㅇ 혁신프로세스를 표준화한 혁신전용 정보화시스템의 채용
- ㅇ 마일리지제도 및 리더등급제 운영으로 혁신의 고급화 전략 수립
- ㅇ 민·관·학 협력을 통한 혁신의 질 향상 및 실효성 제고
- ㅇ 제안자 후견인 제도 도입하고 멘토, 후견인, 평가관 경쟁제도 도입
- ㅇ 혁신활동을 지속하기 위한 법적 근거 마련

⇩

혁신제안 통합 시스템 구축

혁신지도자 양성 혁신마일리지 시행	민•관•학 참여형 혁신정보시스템구축	법적 정비를 통한 혁신 근거 마련

⇩

UP-GRADE된 혁신 아이디어 관리로
정부 효율성 평가 20위 '06년내에 진입

□ 혁신제안부터 인사특전까지 혁신프로세스 개선

제안접수⇛평가⇛채택⇛추진결과 4단계 분류 방식 채택

ㅇ 제1단계 : 제안접수(인큐베이팅)
- 제안시 전문후견인(멘토)제도 운영
- 제안 접수시 멘토가 제안의 내용을 소상히 파악하고 컨설팅
- 필요시 보충자료나 근거자료를 첨부토록 안내
- 멘토는 유사자료를 검색하거나 첨부아혀 창의성, 실천성 등 혁신의 질 향상을 기함

ㅇ 제2단계 : 평가(모니터링)/반려
- 평가단이 평가를 하고 점수를 부여
- 일정점수(예:60점) 이상과 반려를 결정하는 단계
- 60점 이상시 추진뱅크로, 이하시 반려 뱅크로 저장
- 모니터링단을 따로 선정하여 평가의 BACK DATA로 활용
- 평가단은 평가에 앞서 제안자에게 공개적인 문답 가능
- 60~80점:보통, 80~90점:우수, 90~100점:최우수
- 중복제안이거나 완성도가 저조하면 반려하니 반려는 최대한 축소

ㅇ 제3단계 : 채택(실제추진)
- 60점 이상 중에서 실제 아이디어의 거래가 이루어지는 단계
- 추진 확정시 추진계획 및 일정을 공개
- 추진 뱅크에 저장된 아이디어 중 실천성이 우수한 제안은 추진기관(부서)가 많을 것이고, 저조한 제안은 추진기관이 적을 것임
- 사후 평가형이므로 추진기관(부서)가 많을수록 제안자의 점수는 올라가고 추진부서가 없거나 적을수록 점수가 적을 것임
- 채택될 경우 제안자와 추진자의 점수는 동시에 일정비율로 가산
- 예: 채틱기관(부서)가 하나일 경우 1점, 10개일 경우 10점이며, 누진제 적용시는 편차가 더욱 커짐

ㅇ 제4단계 : 추진결과
- 추진 부서는 이행 후 그 과정 및 결과를 인터넷에 공개
- 평가단은 과정 및 결과를 평가하고 점수를 부여할 것
- 추진부서가 제안을 업그레이드 한 경우 추진부서의 점수는 가산
- 추진 결과에 따라 제안자의 점수도 상승

□ 혁신 MASTER인증제도 시행 등 리더 발굴을 위한 데이터베이스 작성

ㅇ 혁신 MASTER 인증제도 등 등급제 시행

- 혁신리더, 혁신마스터로 2단계 분류
- 분류시 상급 급수로 올라가기 위해 노력하는 계기가 되도록 추진
- 등급 분류 후 각 급에 맞는 권한과 역할을 부여
- 혁신리더는 혁신 멘토로, 혁신 마스터는 혁신 평가관으로 지정가능

ㅇ 전 과정의 정량적 평가를 위한 누진포인트제 시행

- 포인트 체계를 점수차가 크게 나도록 변수를 산정하여 혁신리더 발굴이 용이하도록 할 것
- 개인의 평가를 위하여 가능한 장기간 누진 점수제 시행
- 권역별 누진 점수제 시행으로 평차를 크게 나도록 설계

※ 현재 1건 제안시 0.5점, 10건 제안시 5점이지만 누진포인트제로 한다면 1건시 0.5점, 5개이면 5점, 10개이면 20점 방식이 됨

ㅇ 등급별 혁신리더의 권한과 역할 부여

- 내부 혁신 리더를 우선 육성하고 다양한 역할 개발로 리더의 경험 활용
- 평가관, 혁신 워크샵 강사 또는 외부 강사

〈혁신 리더 발굴 육성을 기본 4단계〉

4. 혁신리더의 권한과 책임부여

3. 혁신리더 지정

2. 혁신리더 점수 기준 산정

1. 혁신활동의 정량화

□ 평가지수 개발하여 정량화하고 마일리지 제도 도입

ㅇ NO NO, NO POINT제 시행

- 어느 부서의 업무 혁신이라도 홈페이지에 게재하지 않으면 점수가 없음

- 혁신통합으로 활용 및 집중력을 발휘하지 않으면 이 시스템은 실패

ㅇ 주요 평가항목을 분류하고 지수화

- 정보성, 국제성, 창의성, 실용성, 지속성, 시사성, 홍보성 등을 점수화 할 수 있도록 다양한 지수 개발

- 지수별로 중요도에 따라 가산점수 추가

ㅇ WIN-WIN형 점수제도 시행

- 제안에 점수 부여하고 추진에도 점수 부여하는 방식

- 제안자와 추진자가 동일한 경우 제안과 추진점수를 동시에 취득

- 제안자와 추진 부서가 상이할 시 각각 점수 부여

- 한 개의 제안에 추진부서가 많을 경우 제안자의 점수가 누적

ㅇ STEP POINT제 시행

- 제안, 채택시에만 점수를 주는 것이 아니라 각 단계별 점수산정

ㅇ GOOD PROCESS, MERE POINT제 시행

- 진행과정 중에 조회수, 댓글, 의견 표시글이 많을수록 높은 점수

ㅇ 개인보다는 팀 기여도를 우선하며 각각 점수 산정

- 개인보다는 팀별 점수에 가중치를 부여하여 팀워크 중시문화 창조

- 개인, 과, 기관별 점수가 산정 가능하도록 설계

ㅇ 포인트를 근거로 하여 혁신리더 데이트베이스 작성 등 자료로 활용

- 혁신리더 데이트베이스 작성에 사용

- 기관별 경영평가 자료로 사용

ㅇ 기타 평가지수와 연계성이 우수하도록 설계

- 필요시 지식몰, 에듀쉽 마일리지도 가산할 수 있도록 설계

- 향후 개발될 지수도 연계할 수 있도록 확장 가능형으로 설계

ㅇ 공개와 비공개시 점수차가 나도록 설계하여 공개문화 확산

- 부득이 비공개시 점수가 감소하도록 설계하여 공개문화 조성

□ 민·관·학 합동 개발 참여형 혁신정보시스템 구축

ㅇ 통합형 홈페이지 구축

- 기존제안과 혁신제안 통합하여 시스템 구축

※ 우리부 훈령 개정 등 법적 정비가 병행되어야 함

ㅇ 제안자 우선 배려하는 컨설턴트형 역할 부여

- 제안자 중심으로 설계하고 제안자를 최우선으로 대접하는 분위기 형성

- 제안자를 발굴하고 육성하는 공간으로 활용토록 최대한 홍보

- 제안시 담당 도우미와 책임자를 지정하여 제안부터 사후관리까지 책임지는 역할을 수행하여 제안자의 만족도를 최상으로 유지

- 제안자는 담당 도우미와 책임자를 지정 교체할 수 있도록 할 것

ㅇ 민·관·학 참여할 수 있도록 개방

- 제1안 : 공무원 제안과 일반시민 제안 분류

※ 최초 실시하여 혼란을 초래하므로 공무원제안과 시민제안을 분류

- 제2안 : 공무원 제안과 일반시민 제안 통합

ㅇ 인터넷에서 저장되고 공개기능 강화

- 제안부터 실시결과, 사후관리까지의 전 과정이 저장되고 공개

- 도우미 및 평가단의 활동까지 상세히 기록

- 아이디어 검색기능부여

ㅇ 제안별 프리미엄 기능 추가

- 제안사항 일반기능과 제안별 프리미엄 기능을 분류

- 일반기능은 전체제안의 진행상태 및 점수를 볼 수 있는 기능

- 프리미엄 기능은 제안에 따른 도우미, 평가단의 활동, 추진이행상태 등 해당 제안 전반에 관하여 볼 수 있고 참여할 수 있는 기능
- 프리미엄 기능은 혁신관리카드 또는 혁신일지 역할을 하게 되며 매뉴얼화하기에 적절하도록 설계

□ 후견인과 평가단 POOL구성 및 지명제, 경쟁체제 운영으로 제안자 지원

ㅇ 후견인과 평가단을 충분히 구성하여 제안자 지원
- 후견인과 평가단 인적 규모, 자격, 역할은 논의 후 결정

ㅇ 제안자에게 후견인 및 평가단 지명권한 부여로 제안의 완성도 제고
- 제안자가 원할 경우 후견인, 평가관 각 1인 또는 2인을 지정
- 제안자 우선으로 운영함으로서 제안을 촉진하는 효과

ㅇ 후견인, 평가관도 경쟁체제로 운영하므로서 제안 및 추진 촉진
- 지명된 특정 후견인과 평가관은 혁신 점수가 주어짐
- 육성하는 제안점수가 높을 경우 지명된 후견인과 평가관도 점수 상승
- 후견인과 평가관은 제안자 육성 및 질적 향상을 위해 노력하게 됨

□ 후견인과 평가단 자격, 선발, 업무, 권한에 대한 규정 등 마련

ㅇ 조직
- 혁신담당관, 도우미, 평가단 3개의 조직을 둠
- 혁신담당관실은 현재와 같으며 도우미단과 평가단을 선발하고 업무를 거시적으로 조정

ㅇ 선박
- 직원 및 일반 도우미는 본부, 지방청, 관련기관 인터넷 투표로 선발

ㅇ 자격
- 도우미 : 직원 도우미와 일반 도우미로 분류
- 직원도우미 : 지원자 중에서 선발
- 외부도우미 : 인터넷에서 공개 모집

- 직원평가단 : 혁신리더급 중에서 선발, 에듀쉽 우수자, 제안우수자
- 외부평가단 : 학계 또는 산업계 전문가

ㅇ 구성

- 도우미 : 직원도우미와 일반도우미 1:1비율로 한팀
- 평가단 : 본부 관련과/지방 관련과/외부 = 4/4/3

ㅇ 선발

- 직원 및 일반 도우미는 본부, 지방청, 관련기관 인터넷 투표로 선발
- 수산, 항만운영, 안전, 공사, 방재 등 각 분야별 도우미를 선발
- 평가단도 지원자 중에서 본부, 지방청, 관련기관 인터넷 투표로 선발

ㅇ 업무

- 도우미 : 담당 제안에 대하여 전 과정에 도움을 제공
- 평가단 : 정해진 평가양식에 따라 평가해야 하며 1장 이상의 평가 의견서를 반드시 첨부
- 책임평가관 : 평가관의 의견을 존중한 후 채택 또는 반려를 결정해야 하며 총평가 의견서를 인터넷상에 게재

ㅇ 책임과 권한

- 제안자
  · 책임 도우미 및 책임 평가관을 지정요청 가능
  · 제안의 재심 요청가능
  · 타인의 제안이 중복 제안으로 판단될 경우 이의제기 가능
- 도우미 : 담당 도우미로 지정시 제안부터 사후관리까지 책임
- 평가단
  · 제안의 재심 요청시 재심을 과반수로 결정하고 재심
  · 중복제안으로 이의 제기시 과반수로 결정하고 중복여부를 판단
  · 지정된 책임평가관은 사후관리까지 책임

ㅇ 도우미 및 평가단의 특전

- 직원 도우미의 경우 : 연말 포창 우선
- 일반(대학생) 도우미 : 채용시 혜택부여
- 활동 워크샵 개최

o 서약서 작성 등

- 도우미 또는 평가단 서약서 작성
- 활동 워크샵 개최

□ 기타

o 아이디어 인증제도 시행

- 아이디어 최초 제공자의 특허권 등 권익보호

o 우리부 훈령 개정

- 혁신제안 점수를 참고하여 인사특전부여

o 우리부 시민제안 훈령 제정

- 시민제안 양식, 시민참여 가능하도록 훈령 제정

3. 시스템의 주요 내용

□ 주요특징

o 핵심개선사항을 선별해 낼 수 있는 선택과 집중형

o 고급 지수만을 추출하여 정량화한 혁신마일리지 운영

o 표준화된 매뉴얼 작성을 위한 혁신일지 작성

o Intensive Caring을 위한 4단계의 제안관리방식

o 국민의 체감도를 높일 수 있는 사후 평가형

o 제안자와 추진자 모두 상승할 수 있는 WIN-WIN형

o 제안 후 추진까지 서비스할 수 있는 ONE-STOP형

o 과정을 같이 고민하고 공개하여 국민모두 함께 하는 시민 참여형

□ 활용성

ㅇ 인재 POOL구성 및 제안 POOL구성에 최적

ㅇ 우리부 전체 혁신활동의 수준 파악 및 핵심개선사항 발굴

ㅇ 우리부 혁신 리더 발굴 자료

ㅇ 우리부 각 소속기관 경영평가 자료로 사용

ㅇ 우리부 혁신 표준시스템으로 활용

ㅇ 사용 후 개선하여 정부 혁신 표준시스템으로 건의

ㅇ 우리부 『온라인 혁신운동본부』로 활용

ㅇ 대기업의 혁신 시스템으로 활용

ㅇ 중소기업청의 혁신시스템으로 활용

ㅇ 특허청 아이디어 관리시스템으로 활용

<00부 혁신 표준화시스템 발전 5단계>

5. 대(중소)기업 혁신시스템 채택

4. 국가 표준혁신시스템 채택

3. 전 부처 혁신시스템 표준화

2. 우리부 혁신리더 표준화

1. 우리부 혁신활동의 정량화

□ 시스템 설계·운영의 성공 조건

ㅇ 제안자 중심으로 사용에 편리하도록 설계하고 최고급으로 설계

ㅇ ENTERTAINMENT 요소 충분히 가미하여 즐겁고 재미나는 혁신으로 전환

ㅇ 에듀쉽 마일리지 등 기 개발된 지수와 탁월한 연계성을 가질 것

ㅇ 도우미, 평가관에 최고의 인재를 투입할 것

- 공개성을 최대한 확보할 것
- 인간 친화적으로 설계하고 운영할 것
- 생동감과 현장감을 최대한 살릴 것

□ Balanced Score Card와 차별성

- BSC는 성과관리에는 적합하나 핵심개선사항 발굴에는 부적합
- BSC는 관리형인재 발굴에는 적합하나 핵심리더인재 발굴에는 한계
- BSC는 업무실적 등 4가지 평가지표로 구성되어 있으나 혁신지수를 산정하는 데는 애로가 있음
- BSC는 현재관리형이며 미래 창조적이고 생산적인 업무에는 부적합

4. 기대효과

○ 정량화된 표준시스템을 구축함으로서 겨입와 시간 절감

○ 국내 최초의 혁신전문 마일리지 시행을 정부혁신활동 선도

○ 혁신 MASTER 인증제도 시행으로 100명의 혁신리더 조기 발굴

○ 인재 POOL을 구성함으로서 인재 데이터베이스 작성시 용이

○ 우수사례 매뉴얼 작성이 용이하여 혁신의 순환류 촉진

○ 후견인, 평가관 POOL제를 운영함으로서 제안의 양적증대 및 질적 향상

○ 다양한 점수제 및 ENTERTAIMENT를 가미함으로서 혁신 활력 증대

○ 벤치마킹하면 점수가 추가되므로 초기제안의 지속적인 질적 향상

○ 대(중소)기업에 인력관리 프로그램을 제공함으로서 산업촉진 효과

↓

업그레이드 된 혁신시스템 정착으로

2006 이내에 정부효율성평가 20위 진입

<붙임1>

업무혁신 바다

시민제안	공무원제안

아이디어 제안	혁신 도우미	평가단	혁신리더 마일리지
1000명의 혁신리더			
제안자 인터뷰		배너광고 이달의 이벤트	
정택토론			
혁신아카데미			
혁신사관학교			

시민제안사례

제목	접수번호	등록일	등록자	상태

공무원제안사례

제목	접수번호	등록일	등록자	상태

자유게시판	공지사항	관련규정
질문드립니다	시민제안에 참여하신 분들 초대	해양수산부 시민제안 훈령
마일리지 계산은?	제안 주신 분 모두에게	해양수산부 공무원 제안 훈령
이이디어 은행인가요?	시민제안 1호, 대통령 표창	공무원 제안 규정(대통령령)

시민제안
- 접수
- 평가
- 채택된 제안
- 추진결과

공무원제안
- 접수
- 평가
- 채택된 제안
- 추진결과

참신한 아이디어로 해양수산발전에 참여하세요. 시민제안 바다는 시민과 공무원의 아이디어를 정책에 반영하여 행정의 효율성을 극대화하고 연구하는 공직사회 분위기를 조성하기 위하여 운영하고 있습니다. 제안이 채택될 경우 해양수산부 장관 표창 또는 인사상 특전이 수여됩니다.

혁신문의 02-3148-0000 메일 innovation@momaf.go.kr

ooo 혁신 운동 본부

<붙임2>

혁신일지 운영(예)

번호	제 목	분류	등록자	등록일	포인트
1	디지털 뱅크 운영 방안	제안	윤정수	'05.2.10	포인트
2	뱅크의 자료가 조금 부족한 것 같아요	평가 중	도우미	'05.2.10	
3	네, 알겠습니다	평가 중	윤정수	'05.2.11	
4	뱅크란 어떤 개념입니까?	평가 중	평가단1	'05.2.12	
5	뱅크란 금고에 예치하고 빌려주기도 하고	평가 중	윤정수	'05.2.12	
6	그렇군요. 차라리 디지털 벼룩시장이 어떤가요?	평가 중	평가단3	'05.2.13	
7	맞습니다. 온라인 아이디어 마켓 개념이니까	평가 중	윤정수	'05.2.13	
8	누진 포인트제를 간단히 설명하면	평가 중	평가단4	'05.2.14	
9	이용자가 많으면 많을수록 값이 올라가지요	평가 중	윤정수	'05.2.14	
10	내일 온라인 심의회 열립니다	평가 중	도우미	'05.2.15	
11	축하드립니다. 만점입니다	평가완료	평가책임자	'05.2.16	
12	사용하겠습니다	채 택	한국선급	'05.3.1	포인트
13	감사드립니다	채 택	윤정수	'05.3.1	
14	건데, 기대했던 결과가 안 나와요	추진결과	한국선급	'05.4.1	
15	그럼, 이렇게 운영하시는 게	추진결과	윤정수	'05.4.1	
16	아주 반응이 좋습니다	추진결과	한국선급	'05.4.5	
17	우리도 한번 사용해 보겠습니다	채 택	해양수산 연수원	'05.4.7	포인트
18	우리도 한번 사용해 보겠습니다	채 택	총무처	'05.4.7	포인트
19	국가 표준시스템으로 채택합니다	채 택	청와대	'05.4.7	포인트
20	총무처에 추천제안으로 넘겼습니다	채 택	도우미	'05.4.7	
21	에이쿠 무궁한 발전을 빕니다	채 택	윤정수	'05.4.7	

〈붙임3〉

혁신마일리지(예)

사용자별

순위	사용자	총점	제안	평가	채택	추진	질문	답변	조회
1	홍길동	1000	100	50	500	200	50	50	50
2									

○ 점수 상세보기 : 현행 지식몰의 설계와 비슷해도 무방

제 안	건	점수	누계점수
디지털 아이디어 뱅크	2건	50	100
물류펀드			

평 가	평가점수	비율	점수	누계점수
디지털 아이디어 뱅크	50	0.5	25	50
물류펀드	50	0.5	25	

〈붙임4〉

자주 묻는 질문

1. 점수화하면 무슨 효과가 있나요?
   답> 자신의 성과를 한눈에 알수 있지요.
2. 혁신리더는 무슨 업무를 하나요?
   답> 중량감 있는 역할을 주어야겠지요.
3. 점수화에 필요한 변수는 어떤 것이 있나요?
   답> 정말 다양하지요. 어느 변수를 쓸지는 논의와 토론을 거쳐야겠지요
4. 이제까지 공무원제안제도는 큰 효과가 없었는 데 시민제안까지 만든다고 무슨 효과가 있는지요
   답> 시민과함께 하지 않는 제안은 의미가 없지 않을까요?
5. 혁신마일리지는 직원을 등급화하는 수단이 아닌지요?
   답> 그런 측면도 있지만 자신을 평가하여 자기계발에 사용하면 좋지 않을까요?
6. 시민제안제도를 잘 운영하는 기관이 있나요?
   답> 서울시 조례가 있습니다.
7. 시민제안시 시민도 점수를 주나요?
   답> 제안자의 입장에서는 주면 좋을 것입니다.
8. 누진점수제를 시행하면 혁신리더 선별이 쉬워지나요?
   답> 아무래도 열심히 하는 사람과 하지 않는 사람은 점차 편차가 커지겠지요.
9. 제안자, 추진자 WIN-WIN형이라고 했는데 어떻게 점수를 주는 것인지요?
   답> 제안자는 올리기만 하면 점수가 올라가구요. 추진자는 추진을 해야 점수가 올라갑니다. 즉 제안자와 추진자를 분업형태로 하면 제안은 늘어가고 추진도 늘어가는 원리를 적용했습니다. 제안과 추진을 각각 전문화하면 질은 좋아지고 양은 풍부해지죠.
10. 왜 WIN-WIN형으로 점수를 이중으로 주어야 하나요?
    답> 순환류를 증가시켜 우수 사례는 자연스럽게 쭉쭉 뻗어나가도록 한 것입니다
11. 아이디어 거래형이라고 했는데 좀 더 구체적으로 설명하면?
    답> 이것은 아이디어 은행이 되지요. 그래서 아이디어 저축도 가능하고 대출도 가능하고 은행에 적금하듯이 아이디어를 저축하면 부자가 되지요.
12. 만약 세사람이 공동제안하면 어떻게 하지요?
    답> 동시에 한다면 역시 점수를 많이 주어야지요. 그래야 단결이 되지요
13. 만약 추진하다가 중도에 포기하고 결과를 안 올리면 점수는 어떻게 하나요?
    답> 우선 추진계획 점수는 받을 테고 중도에 포기하면 추진점수를 추가로 못받겠지요.
14. 혹시 점수를 깍아내리는 태클 제도가 있나요?
    답> 그것도 개발하면 재기가 있겠네요. 10고개 문답 같은 것 같군요.
15. 이렇게 저장해두고 공개적으로 하면 도리어 혁신제안이 위축되는 게 아닐까요?
    답> 약간 그럴수도 있는데 디지털 시대에 공개로 오는 두려움은 극복해야겠지요.

〈붙임5〉

공동제안자 업무분담

□ 주 제안자 : 윤정수

□ 부 제안자 : 0 0 0

□ 공동제안사유

○ 디지털 시스템설계는 첨단 분야로서 네트워크의 원리와 수학적 원리를 요구하므로 네트워크 주 제안자가 담당하고 구체적인 수학적 계산은 부 제안자가 분담하였으며

○ 시스템이 표준화되기 위해서는 홈페이지 운영실태, 운영방안 및 법적 정비가 우선되는 등 방대한 자료 수집이 필요하여 제안의 실현성 및 완성도를 높이기 위하여 공동제안이 불가피하였음.

□ 제안자별 공헌도

○ 주제안자

- 시스템 설계시 마일리지제도, 혁신마스터 인증제도, 후견인 및 평가관 POOL구성 등 새롭게 창안함으로서 인적 데이터베이스 객관성 확보
- 인터넷 포털 싸이트 설계 및 운영 경험을 바탕으로 표준시스템을 창안함으로서 혁신시스템의 기능성 및 실용성을 보강
- 혁신의 핵심 지수를 개발하는 등 정량화 방안을 제시함으로서 혁신의 객관성 확보에 기여
- 제안자, 후견인, 평가관의 업무를 분업화, 전문화함으로서 혁신의 생산성을 대폭 제고

○ 부제안자

- 누진제 포인트 개발 등을 통하여 구체적인 수치를 제안함으로서 제안의 실천성 및 완성도를 대폭 상승
- 아이디어 인증제도, 공개형 홈페이지를 설계함으로서 시스템 활용도를 대폭 제고
- 시스템에 필요한 법적 정비를 통하여 시스템활동의 법적 근거를 제공
- 타 기관의 혁신활동 자료를 파악함으로서 제안의 객관성 제고
- 민관 합동 홈페이지를 창안함으로서 제안의 실효성 증대

□ 제안자 담당 분야

분야	작성자
○ 아이디어 제공 - 시스템의 필요성에 대한 실태 파악 - 행정의 낭비요소 자료 파악 - 정보화의 표준화 방안에 대한 자료조사	윤정수
○ 시스템 기본설계도 작성 - 뱅크식 아이디어 저장방식에 대한 방응조사 - 포인트 적립식 마일리지 채택시의 결과 파악 - 인재의 발굴을 위한 등급화 방안 연구 - 4단계 점수 부여 방식 도입 방안 연구 - 제안 POOL, 인력 POOL 구성 방식시 효과 파악 - 제안의 질적 향상 방안 자료 조사 및 연구 - 지수를 통한 인재의 필터링 방안 연구 - 시스템내에서의 대화 토론 향상 방안 연구 - 시스템 최적 운영을 위한 필요 게시판 파악 - 인적 동기 부여와 시스템의 상관관계 연구 - 인터넷 포털싸이트 비교 연구 - 대기업 혁신관련 활동 자료조사 및 연구	윤정수
○ 구체적 시스템 설계 - 구체적 포인트 계산 방식 고안 - 누진 포인트제 실태 파악 및 방안 연구 - 아이디어 인증제도 도입 방안 연구 - 공개형 홈페이지 설계 방안 연구 - 공개/비공개에 대한 의견 청취 및 절충 방안 연구	000
○ 법적 규정 정비 - 훈령 제정 등 법적 정비 필요여부 실태 파악 - 각 기관의 제안 관련 법령 확인 및 실태 파악	000
○ 홈페이지 운영 방식 - 시민제안운영 싸이트 실태파악 및 개선방안 연구 - 민관 합동 통합형 홈페이지 운영방안 연구	000

<붙임6>

제안 후기

이 기본설계는 은행의 돈거래와 컴퓨터의 기능을 극대화한 아이디어 유통의 고속도로를 연상하고 만든 것입니다. 인터넷 뱅킹처럼 컴퓨터로서 돈을 인출하고 예금하는 편리한 방식과 같이 아이디어 뱅크에 아이디어를 저금해두고 필요한 사람이 있으며 빌려주고 또 제가 아이디어가 없을 때는 남의 것을 빌려 쓰고 그런 거래속에서 제 저축금액은 더욱 늘어난다면 재미가 있을 것이라는 생각을 해 봅니다. 살다보면 정말 한심할때가 언제인지 아시죠? 딱 돈이 필요한 데 은행에 한 푼도 없을 때입니다. 집에 우환이 생겨 급전이 필요한데 저축한 돈이 없다면 여러분은 어떻게 하지요? 은행으로 달려가야겠지요. 만약 은행이 없었다면 어떻게 하지요? 바로 BANKRUPT이지요. 은행이 있다하더라도 불성실한 거래자로서 신용불량자라면 역시 위기를 헤어날 수 없을 것입니다. 우리도 혹여 이런 상태가 아닐까요? 아이디어 뱅크 없이 우리부가 운영된다면 항상 BANKRUPT으로 갈 수 있는 소지가 많을 것입니다. 반대로 멋진 아이디어뱅크하나 설립해두고 아이디어를 많이 저축해 놓으면 항상 부유한 조직이 될 것입니다. 거기에다가 성실한 VIP고객이 많다면 금상첨화일 것입니다. 세계적으로 유명한 아이디어 뱅크 하나 설립하여 거래가 마음대로 이루어지고 VIP고객을 많이 찾아낼 수 있다면 정말 좋겠다는 생각에 이런 제안을 해 봅니다. 여러분이 지나가다가 생각나는 아이디어가 있다면 저축하여 꼭 필요할 때 갖다 쓰십시오. 그리고 거래가 많으면 많을수록 VIP고객이 되어 차도 받고 은행으로부터 더 많은 혜택을 누릴 수 있다는 것도 잊지 마십시오. 아이디어 뱅크는 여러분이 VIP고객이 되도록 최선을 다하겠습니다.

제목은 혁신제안 통합시스템 구축이라 거창해 보이지만 실제로는 아이디어 은행입니다. 은행하나 제대로 설립하고 운영하려니 첨단 정보화가 가장 우선되어야 되구요. 법적인 정비 등 할 일이 많습니다.

구슬이 서말이라도 궤어야 보배라고 처음부터 큰 것을 기대하지 말고 우선 은행부터 설립해 놓고 법적인 정비는 후속으로 하면 될 것입니다. 아무래도 정보화전문가님들의 해박한 정보화 지식이 이 은행설립을 좌지우지 할 듯합니다. 한번 잘 만들어 두시면 인력개발에 애를 먹고 있는 중소기업에서도 사용하고 정보화에 애를 먹고 있는 시골군청도 사용할 수도 있을 것입니다. 잘 부탁드립니다.

꾸뻑**^^

6부 빅데이터와 해양 공공 플랫폼

해양수산 조선 전문 슈퍼컴퓨팅 데이터센터

해양수산부 빅데이터 산업 발전 방향과 미래 비전

<영도를 플랫폼 거점도시로 만들자>

1. 글로벌 기업성공사례, 공공 빅 데이터 현황 및 정책
2. 해수부미래 10대 플랫폼 제안, 플랫폼산업협회 제안
3. 해수부, 부산시 미래 빅 데이터 산업 성공 열쇠

발표자 윤정수

(전) 해양수산부, (현) 해사 행정사, 플랫폼 자문위원

클라우드 기업 시가총액

기업명	달러	원화	고용
애플	27199억 달러	3671조원	164,000명
마이크로소프트	25721억 달러	3472조원	
알파벳(구글)	16229억 달러	2190조원	
아마존 닷컴	14158억 달러	1911조원	
엔디비아	11036억 달러	1489조원	
페이스북(메타)	8014억 달러	1082조원	
삼성전자	3081억 달러	416조원	124070명
네이버		32조원	
카카오		17조원	

킬러엡, 플랫폼……..한국 역전 방법은?

애플(시총 1위 비결)	구글
I OS-휴대폰용 운영체제	안드로이드-휴대폰용
아이 폰	안드로이드 –폰- 삼성
엡스토아- 엡의 등장	구글 플레이
애플워치, 에어팟	유투브- 2006,17억 달러
애플 TV	구글어스- 2013,11.5억달러
애플 시리-비서 서비스-사랑해	딥마인드- 2014,4억달러, 알파고
플랫폼, 디지털 장터, 수익 배분 탁월	M&A로 성장
상호연결 의존 디지털 생테계	구글 AI로 대전환 발표
하드웨어+소프트웨어, 수익성 탁월 공통점: 인공지능	대화형 AI, 자율주행자동차 공통점: 인공지능

클라우드 기업- 3대 축

■ (응용프로그램) 애플 I OS, 구글 안드로이드

- 컴퓨터 기능의 핵심, 휴대폰 나오면서 휴대폰 OS가 성장 주도

■ (플랫폼) 인터넷 장터, 애플 엡 스토어, 구글 플레이

- 사용자가 수익자, 프로슈머, 스스로 성장, 협업, 공생, 성장하는 구조, 컨텐츠 무한 성장
- 구글 어스 바탕으로 다양한 플랫폼이 무한 발전가능, 에어엔비, 카카오 택시
- 한국이 가장 잘 할 수 있는 것이 플랫폼 , 게임 플랫폼

■ (인프라 서비스) 빅 데이터 센터

- 한국은 이동 통신사가 빅 데이터를 가장 많이 가진 기업
- 앞으로 SK, LG, KT같은 기업들이 빅 데이터 센터에서 두각

⇒ **플랫폼, 공공 플랫폼, 규모 키우기 승부**

한국의 강점, 플랫폼이 답인데,

■ (강점) 뛰어난 집단지성, 고학력, 협동심, 신속한 추진력, 강력한 정부

- 플랫폼에 가장 적합, 이미 게임 플랫폼에서 증명

■ (약점) 시장 규모가 너무 적다-------규모를 키워라

- 자금도 적고, 사용자도 적고, 시장 자체가 너무 적다

■ 공공 플랫폼이 민간 플랫폼을 지원하자 , 해수부 5대 플랫폼 제안

- 조달청 나라장터, 하루 5천억원 발주, 민간 플랫폼 발전 원칙을 적용
- 참여자 배가 원칙, 참여자 수익 배분 원칙으로 참여자 수익 창출, 다양한 직업 창출

■ 잘 할 수 있는 플랫폼에 집중하라

- 플랫폼 대형화- 인프라 서비스 강화- 응용 프로그램 발전 순서로 성장
- 미래 10억 명 사용 플랫폼 개발 구축, 탄소, UAM, 로봇 반려 시장, 세계 교육시장
- 기존 하드웨어 제품에 소프트웨어를 접목, 삼성의 플랫폼 운영시 수익 2-3배 증가

⇨ **해수부 주도 플랫폼 모델 제시 가능**

맞긴 맞는데 못 찾겠네, 국가에서 찾고 있는 플랫폼

■ 국민이 체감하는 플랫폼이 무엇인가?

- 행안부, 과기부 계속 공모 중

■ 사회문제를 해결하는 플랫폼이 무엇인가?

- 행안부, 과기부 계속 공모 중

■ 디지털 위원회를 계속 하고 있지만 운영 성공 사례 없다. 해결책은?

- 외국에 성공 사례가 없으니, 따라야 할 모델이 없어, 고민 중
- 성공하면 민간 기업의 플랫폼 규모가 현재의 10배 이상으로 매출 확대

⇨ **해수부에서 이미 다 찾았음, 10년 전에**

산업 변혁기 위험과 기회 상존- 대한민국 자신감

■ 변혁기란 무엇인가?

- 1,2,3차 산업이 한계에 직면, 백약이 무효인 시대
- 기후위기, 부의 변화, 남녀 성의 역할 변화, 출산율, 결혼-출산-육아까지 변화
- 직업, 정년, 청년과 노년 역할 변화, 꽃중년, 수명 연장, 백세는 보통
- 정치, 경제, 교육, 노사관계, 고용 전 분야가 한계 직면, 결국 인간의 한계

■ 무엇이 출현하는가? 천지개벽

- 4차산업, 초연결+초지능+초융합--------새로운 인공 지능 인류 출현
- 인간의 오류를 수정한 인류, 시기 질투가 없는 헌신, 사랑, 봉사에 충실한 인류 제작

■ 어떻게 해야 하는가? 국가 존망, 국가 소멸, IMF보다 더한 위기로 규정, 돌파구 마련

- 정부가 과감, 파격적 참여, 선택하여 예산 집중 투입, 법 제정 캠페인으로 국민참여
- <조달청 나라장터> <워크넷> 두개만 바꾸면 나라가 백년 정상 궤도

⇨ **플랫폼 나라로 궤도 수정, 국가 모델 정착**

서버
랩톱 컴퓨터
데스크톱 컴퓨터
응용 프로그램
모니터링
콘텐츠
협업
통신
금융
플랫폼
오브젝트 공간
신원
런타임
큐
데이터베이스
기반 시설
컴퓨팅
블록 공간
네트워크
휴대전화
태블릿 컴퓨터

클라우드 컴퓨팅

클라우드 기업 서비스

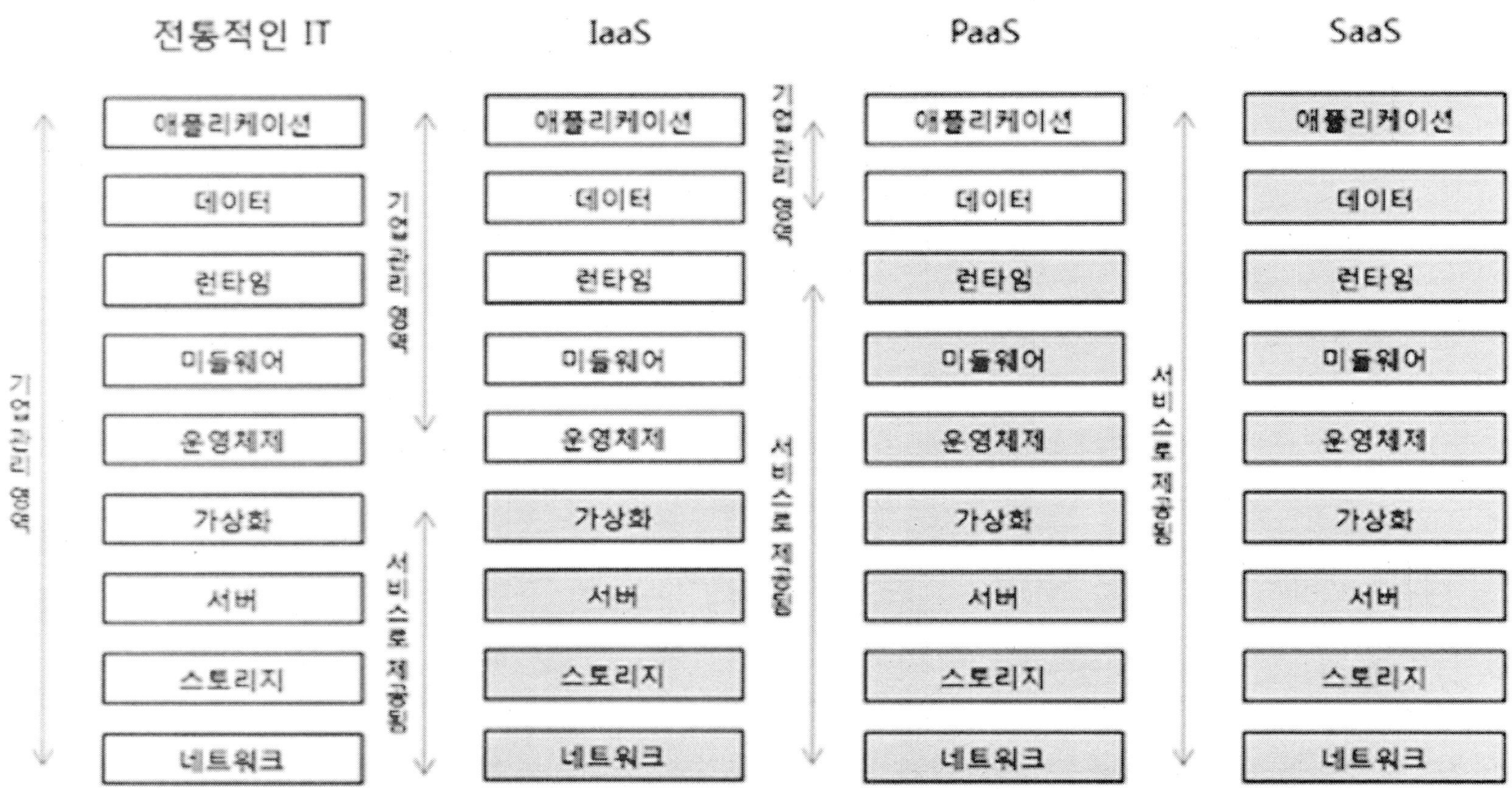
전통적인 IT
IaaS
PaaS
SaaS
애플리케이션
데이터
런타임
미들웨어
운영체제
가상화
서버
스토리지
네트워크
기업관리 영역
서비스로 제공됨

클라우드 시장 성장

글로벌 환경

- 2020년 2025년까지 매년 21% 성장할 것으로 전망
- 2020년 3,124억 달러, 약359조-----8,091억 달러, 930조
- 인공지능, 사물자동화, 자율 주행 데이터 폭발적으로 증가

국내 환경

- 2020년 2025년까지 매년 14.8% 성장
- 2020년 1.96조원---------2025년 3.9조원
- Saas 51.5%, Paas 9.1%, Iaas 39.4%(2021년)

주요성과

- 2021년 공공, 산업에 민간 클라우드 본격 확산 지원
- 공공부문에서 먼저 민간 클라우드 이용확대
- 공공부문이 클라우드 이용금액 8,796, 정보화 예산 11.4%

< 2021년 클라우드 활성화 추진 성과 >

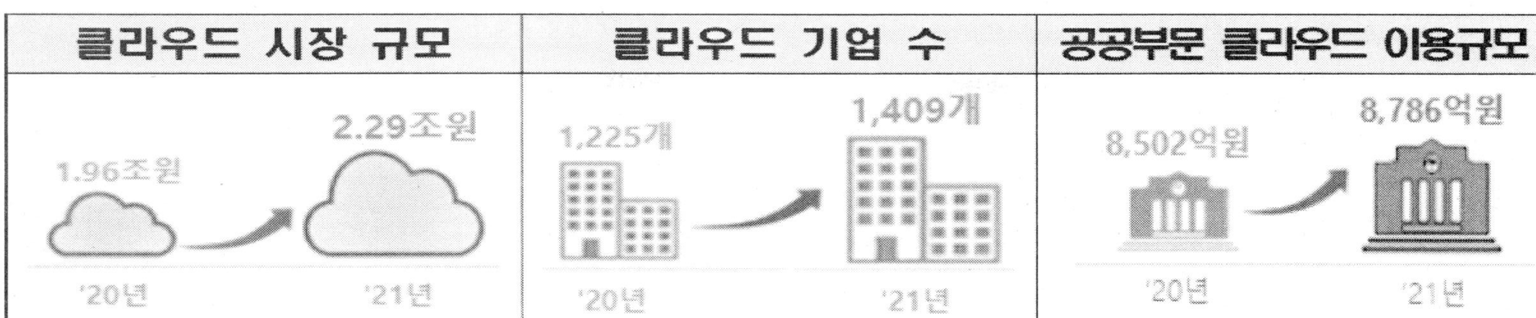

각 국가의 대응 전략

미국	► 미국 7개 부처 통합하여 7개 연구개발 전략과 18개 빅 ► 데이터 연구개발 전략 계획 발표(2016.5) ► **ICT 분야의 R&D를 추진하는 범부처 프로그램**
영국	► 데이터 오픈 정책의 연장선상에서 방대한 공공 데이터 ► 활용에 초첨을 맞춘 빅데이터 역량 강화 전략 발표(2013.10) ► **인력양성, 인프라 SW, R&D능력강화, 접근성과 안정성 강화**
일본	► **총무부 발표, "일본 ICT 전략 보고서", 데이터 활성화 전략** ► **빅 데이터 전문인력 양성, 연구개발 등 7대 주요 과제 선정** ► **경제산업부 " 데이터 기반 혁신창출 전략 위원회"('14.6)**

비 전

클라우드 대전환을 통한 디지털 선도국가 도약

목 표

15개 → 300개	1,200개 → 3,000개	10,000명
공공 이용 디지털서비스 확충 ('20년) 15개 → ('24년) 300개	국내 클라우드 전문기업 수 ('20년) 1,200개 → ('24년) 3,000개	'22~'24년까지3년간 클라우드 인재 10,000명 양성

추진전략 및 과제

추진전략	과제
공공부문 민간클라우드 우선 이용	01 민간 클라우드 이용 지원체계 마련 02 공공부문 민간 클라우드 도입 촉진 03 민간 클라우드 도입을 위한 조달체계 혁신 04 안전한 민간 클라우드 이용환경 조성
클라우드 산업 경쟁력 강화	01 SW 산업의 SaaS 전환 02 산업 전반의 클라우드 이용 확산 03 클라우드 서비스 글로벌 진출 확대
클라우드 산업 지속 성장을 위한 생태계 조성	01 플랫폼 생태계 조성을 통한 경쟁력 강화 02 기업 맞춤형 인재 양성 03 클라우드 기반 인공지능 연구 지원체계 강화 04 데이터센터 확충 및 운영 효율화

<데이터 경제 활성화 추진체계>

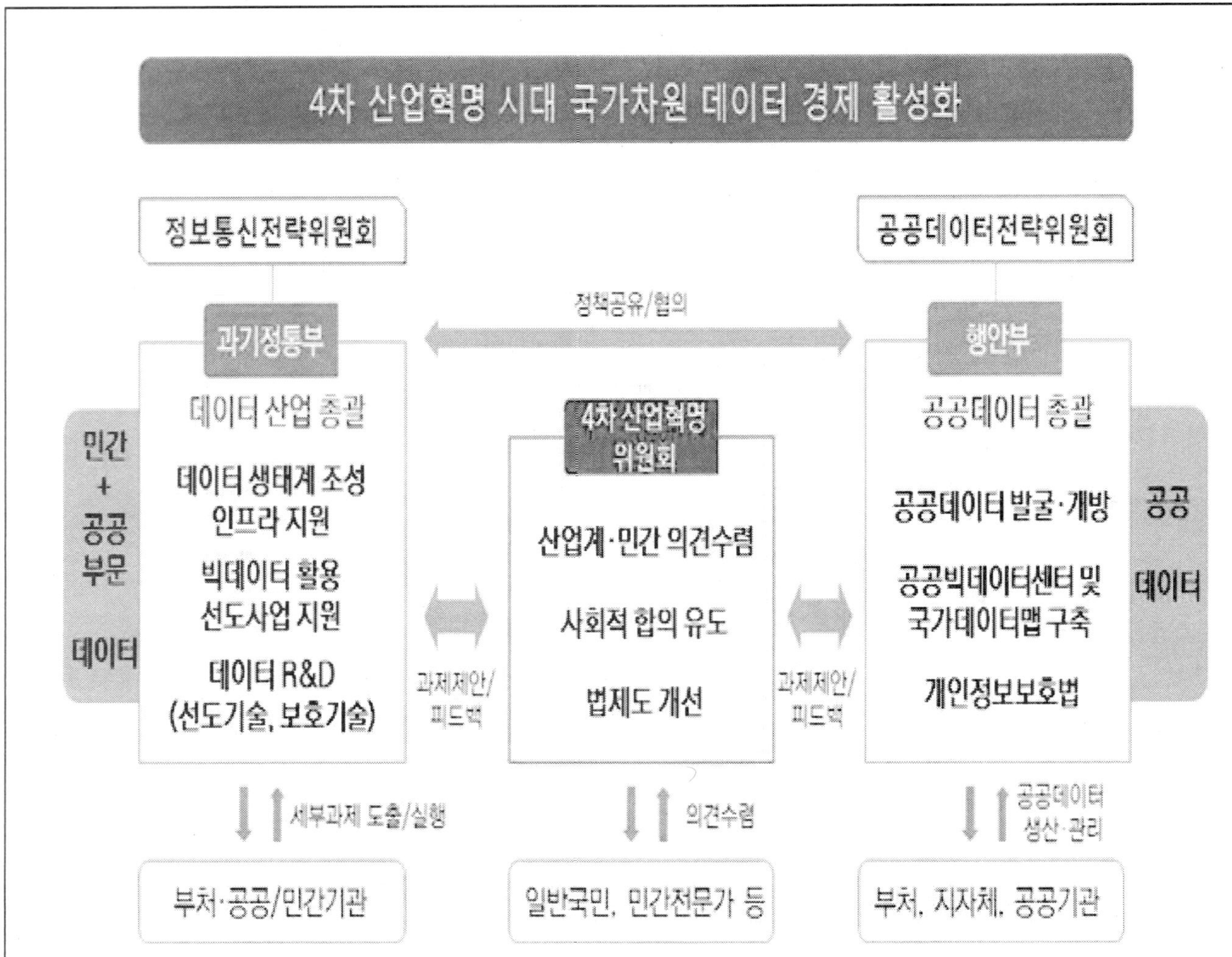

데이터 센터 확충 기반 조성

□ 데이터센터 확충 기반 조성

○ **(데이터센터 운영 실태조사)** 국내 클라우드 데이터센터의 산업 활성화·고도화 정책수립에 필요한 연도별 데이터센터 실태조사 보고서 발간

○ **(서버 핵심기술 개발)** 인공지능 칩, 지능형 메인보드 등 데이터센터의 탄소중립 및 에너지 효율화에 필요한 데이터센터용 서버 핵심기술 개발

○ **(제도 개선)** 데이터센터의 부설주차장 설치기준 완화, 교통유발부담금 완화 등 데이터센터 구축·운영에 필요한 규제 개선 추진

- 상주인력이 적고 교통유발효과가 낮은 데이터센터 특성을 반영하여 부설주차장 설치기준을 해당 지자체의 조례에 동일하거나 완화하여 적용* 추진

  * 주차장법 시행령 내 방송통신시설 중 데이터센터 시설면적 400㎡당 1대를 조례 적용시 시설면적 400~600㎡당 1대로 적용

- 교통유발계수 대상 시설물에 데이터센터 항목을 신설하여, 데이터센터에 부과하는 교통유발부담금 완화*

  * 데이터센터의 건물내 상주인원, 유출입 차량 및 부설 주차장 현황 등을 고려하여 창고나 공장 수준의 교통유발계수 조정

○ **(데이터센터 구축·운영 가이드 개발)** 친환경·고효율 데이터센터 구축·운영을 위해 국내 여건을 반영한 가이드 개발 및 보급

- 에너지 효율적 데이터센터 구축·운영 기준 개발 및 중소기업 데이터센터 가용성 확보 기준과 재해·재난에 대비한 고안정성 대응 가이드 개발

해양수산부
MINISTRY OF OCEANS AND FISHERIES

국가 고유 업무 플랫폼

중소기업 살리기	⇨	► 영세하여 도태될 수 밖에 없음 ► 과기정통부, 중소기업이 클라우드 서비스 활용 지원 ► 2021년 500개사-----------2022년 900개사
해양, 의료, 재난,국방	⇨	► (의료)의료 산업을 중점 분야로 지정, 중소형병원까지 지원확대 ► (재난)클라우드 기반의 민관협력 위기 대응 플랫폼 구축 추진 ► (국방)사이버 전쟁 시대로 돌입, 이동형 전장 데이터 센터 구축
글로벌 대응	⇨	► 국내 클라우드 기술의 갈라파고스 화를 막아야 함 ► 글로벌 SaaS 개발, 규모의 산업 절대적 열세를 공적 플랫폼 극복 ► 글로벌 진출 지원, 국가적 운명---10년 뒤 글로벌 탑 1-2 가능

외국 해양수산 빅데이터 적용 사례

영국 해운

- ► HIS MARKET FREIGHT FORECAST 시스템
- ► 화물가격, 운임, 선박, 거시경제변수, 금융정보 3천개 변수
- ► 빅데이터 머신 러링 기법----월별 건화물 벌크 운임 예측

독일 함부르크

- ► 스마트 항만 구축 사업
- ► 항주변 교통 빅데이터 실시간 수집--항만이용자 제공, 시간단축
- ► 항만철도 부착센서, 선박-기차간 환적정보---최적 노선 제공

노르웨이 수산

- ► 양식업 빅 데이터 플랫폼 aqua CLOUD
- ► 양식장 온도, 염분, 산소량 데이터 분석---바닷물 감염경로 파악
- ► 바닷몰이의 천적---클리너 피쉬 방류량 결정---어류감염방지

미국 수자원 관리

- ► 내셔널 지오크래픽사, 불법조업 선박추적 시스템 SKYLIGHT
- ► 위성 데이터, 어선조업현황 등 머신러닝 기반---불법조업 구분
- ► 웹클라우드 기반으로 실시간 추적, 불법 조업 퇴치

해양수산부 빅데이터 성공 사례, 민간 활발

안전 GICOMS, VTS
- 해양안전종합 정보망
- 위성을 통하여 전 세계 국적선 위치정보 입수---선주에 위치 전송
- 납치 방지, 기상, 항로안전성, 선박상태 고려--선주운항 반영

www.klnet.co.kr
- 선박물류 시스템, 세관 통관시스템과 연동
- 가장 성공적인 기업
- 빅 데이터 기업으로 성장 가능성, 시스템 수출 등 기대

물류 PORT-MIS
- 항만운영정보, 선박 입출항 정보 플랫폼
- 선석, 도선, 예선, 위험 작업 등 항만운영 관련 데이터 개방 공유

연안 빅 데이터 플랫폼
- 한국해양과학기술원에서 제공
- www.bigdatcoast.a-kr
- 총 24개 기관 참여, 빅 데이터 제공, 유통

해양수산부비전: 빅데이터 기반 해양강국 실현

추진과제 (8개 과제 21개 세부과제)		
해양수산 경쟁력 제고 및 부가가치 창출	1 수산자원변동예측 및 어업관리 효율화	① 연근해 어장 생태계 변동 예측 ② 수산자원 및 어황 예측 정확도 향상 ③ 지속가능한 스마트 어업 관리체계 구축 ④ 수산물 수급 관리 효율성 향상
	2 수산물 양식최적화 및 수급 예측 고도화	① 스마트 수산양식장 최적화 지원 ② 수산양식장 질병의 스마트 진료플랫폼 구축 ③ 양식수산물 수급 예측 정확도 향상
	3 전국 무역항 운영 효율성 향상	① 전국 무역항 혼잡도 분석 및 효율성 향상 ② 실시간 항만운영 통합모니터링 체계 마련
사회적 현안 해결 및 대국민 서비스 향상	4 선박운항 및 해상 안전 강화	① 안전을 고려한 선박의 최적항로 개발 지원 ② 해양사고 빅데이터 분석 및 정보제공 ③ 인공지능 기반 해무예측 정확도 향상
	5 선제적인 수산재해 대응의 제고	① 이상수온(고온, 저수온, 냉수대)발생 예측 ② 유해생물(해파리) 출현 및 확산 예측
	6 해양환경 모니터링 및 관리체계 고도화	① 해양쓰레기 전주기 통합관리 강화 ② 항만 대기오염 통합 모니터링 및 예측력 제고
해양수산 빅데이터 활성화 생태계 조성	7 빅데이터 공동활용 기반 구축	① 해양수산 빅데이터 플랫폼 구축 ② 해양수산 빅데이터 분석기능 지원
	8 빅데이터 정책지원 여건강화	① 빅데이터 활용 기반 조성 ② 해양수산 빅데이터 센터 지정 및 관리 ③ 빅데이터 활용 교육 및 경진대회 개최

해양수산부 현실적 발전 장애

■ 바다가 멀리 있어 국민들이 잘 모르더라

- 해수부의 가장 큰 고민거리

■ 사업을 해보려고 해도 진입장벽이 너무 높더라

- 중대재해처벌법 등 안전에 대한 요구가 증대함에 따라 규제가 심한 것 사실

■ 국가가 지나치게 개입이 많더라, 국제 규제도 많더라

- 바다는 공유수면이다 보니 당연히 개입이 많을 수 밖에 없음

⇨ 가장 좋은 해결책은 < 플랫폼 > 입니다.

플랫폼 운영되면 해수부 많은 장애, 사라짐

미래 가장 경쟁력 있는 부처는 해양수산부

해양수산부 플랫폼 강점- 디지털 인재 보고

■ 국제 기준으로 활동, 무대가 국제적

- IMO사무총장이 한국인, 부산에서 저평가 되고 있음, 다시 평가하여 부산 모델 창안
- 유엔 해양법, SOLAS, MARPOL 등 국제기준에 익숙한 국제 경쟁력 있는 인재
- 선박관리 등 유럽이 만든 시스템에 익숙, 시스템적 사고 능함, 개발까지 가능단계

■ 해양진흥공사, 항만공사, 해양환경관리공단 등 많은 공공기관

- 각 부처에 볼 수 없는 공공기관들이 다수

■ 각 항만에 지방 해양수산청이 존재

- 해양수산부 직속기관으로 추진력이 강하고 신속, 정확하게 수행
- 타 부처 업무 지자체로 거의 이관, 해수청 업무가 독특하여 지자체로 이관 불가

■ EEZ 적용으로 바다영토 확대, 과학기술 발전으로 바다가 곧 국가 경쟁력

- 중요성이 점차 증대되고, 해양관광도 새로운 산업이 되어 감

⇨ **플랫폼 선도 부처, 해양수산부**

해수부 성공 플랫폼 원칙

■ 국가의 가장 큰 문제, 사회 문제, 체감 부족 문제를 동시에 해결하라

- 청년 실업 문제, 해수부 해양 인력 부족 문제를 동시에 해결가능
- 해수부 공공기관 평가시 결과 저조를 플랫폼으로 극복 가능

■ 해수부 가장 강점인 공공기관을 활용하자

- 노사정학 모두 활용가능한 해양수산조선 청년 인턴 플랫폼 운영
- 협력하면 충분히 성공 가능

■ 가장 강점인 IMO를 활용하자

- 탄소 플랫폼, 그린 플랫폼으로 그린 산업 주도 가능
- 해양 드론, 해양 UAM 산업 주도 가능
- 사이버 세계 해사대 플랫폼 , 한국 유치 가능, 매년 세계 10만명 졸업장 수여

⇨ 해수부가 플랫폼 국가 모델, IMO모델 창안

10대 플랫폼 제안

- 해양수산조선 청년 인턴 플랫폼, 청년의, 청년에 의한, 청년을 위한
- 선박탄소배출 관제 플랫폼
- 해양드론, 도심항공택시(UAM) 관제 플랫폼…해양모빌리티 선도 국가
- 선박관리 플랫폼…선박관리 산업협회
- 토론 플랫폼…집단지성, 바다 공부모임, 브레인 스토밍, 민간 싱크탱크 역할
- 사이버 세계 해사대학 플랫폼
- 해양수산조선 인공지능 로봇 플랫폼
- 인공지능 반려 로봇 플랫폼, 영도 생산 거점, 매년 10만대 생산 수출, 10만불 도시

- 사단법인, 해양 플랫폼 산업 협회 창립….민간 참여 촉진
- 플랫폼 예산 마련, 내년도 예산 6조6233억원, 예산 여건 매우 좋습니다.
- 영도 최적, 3대 요소, 삼성 SDS 두뇌+ 해양산업클러스트 플랫폼+ 창해개발 인프라

⇨ **영도 플랫폼 거점 도시, 10만불도시 발전**

1. 청년인턴 플랫폼----10대 플랫폼 제안

■ 해양수산조선 청년 인턴 플랫폼, 모든 청년들에게 개방, 예산 크지 않음

- 청년을 위한, 청년에 의한, 청년의 플랫폼, 해양수산부가 청년을 선점
- 해양수산조선분야에서 청년 문제를 해결하자, 공공기관 평가 최우수
- 해양진흥공사, 부산항만공사 등 공기업 중심으로 청년 인턴 통합 플랫폼운영
- 추후 조선소, 해운업체, 선박관리업체까지 확대
- 독일의 국가 브랜드, 아우스 빌둥 인턴 모델을 벤치마킹 플랫폼 화, 세계최고인턴 모델
- 고등학교 이상 졸업자는 신청만 하면, 언제든지 3개월 청년 인턴 참여 가능
- 해양수산조선 청년 인턴 해양수산부 고시 제정
- 청년은 온라인 멘토를 3명까지 지정가능, 멘토-멘티 증명서 발행
- 청년 인턴 인증서 발행, 인턴활동 저장, 멘토는 인턴의 성장 지원
- 해양수산관련 공기업 경영평가 최우수 등급, 국가 모델로 중앙정부 제안

⇨ **해양수산부가 청년 플랫폼 국가 모델 창안**

독일, 한국의 청년인턴

■ 독일은 아우스 빌둥, 성공 모델, 국가의 근간

- 청년 유급 인턴 제도, 학교와 기업의 역할 분담
- 기업) 청년 인턴 임금 지급, 체험 기회 제공, 기업의 가장 중요한 역할, 사회적 합의
- 학교) 이론 교육 제공, 학생을 기업과 매칭
- 학교 이론 교육, 기업 실무 인턴-----취업 단계가 명확하고 분명
- 청년, 기업, 가정, 사회 모두 이득, 독일의 성공 요인, 우수 인재 육성 기본 단계

■ 우리나라 청년인턴 제도 불문명, 3개월도 못 버텨, 현장에 청년층 완전 붕괴

- 청년 유급 인턴 제도 없음, 고용노동부에서 대학과 연계 있으나 거의 유명 무실
- 청년 일 배운적 없어---- 일을 할 줄 몰라---- 입사시 방황, 멘붕---- 청년 이직률 폭등
  -----우수 인재 확보 애로 ----- 사회 근간 흔들----사회적 비용, 국가적인 손해

⇨ **청년 인턴법 제정 필요, 국가 예산 투입**
노사정학 대 합의 필요, 역할 부여

2. 선박 탄소배출 플랫폼------10대 플랫폼 제안

■ GREEN EARTH, 탄소 배출 관제 플랫폼 운영, 유럽이 탄소에 무너지고 있습니다.

- 부산을 선박 탄소 거점 도시로 반들자, 해양산업 클러스트 탄소 연구 거점
- 선박으로부터 배출되는 탄소 등 배출 가스 종류별로 실시간 디지털 모니터링
- 위성에서 실시간으로 전송하여 해수부 플랫폼에 자동으로 입력
- 선주, 선박관리업체 확인하고 온실가스 배출 감소 기여
- 항만, 컨테이너 트럭 등에서 배출되는 모든 탄소 정보 통합 입력, 공유 가능
- 해양수산 탄소 배출 관제 플랫폼 고시 제정, 운영
- 우수선박, 우수 업체 인센티브 부여
- 탄소 배출 모니터 국산화 개발 지원, 플랫폼 구축은 연구개발 자금으로 지원
- IMO 온실가스 감소 국제 기준 제정을 선도, 조선소 외국 선박 수주, 선박관리 유치

⇨ **해양수산부가 탄소 플랫폼 국가 모델 창안**

3. 해양드론, 해상 UAM 관제 플랫폼-----10대 플랫폼 제안

■ UAM, 도심항공 택시 관제 플랫폼 운영, URBAN AIR MOBILITY

- 부산을 해상 UAM 10만대 수출 거점 도시, 해양산업 클러스트 UAM중점 연구기관
- 위그선하고는 위력이 다를 것이라 전망, 집중해야 할 분야
- 2025년부터 항공 택시 상용화시 섬, 해상이 가장 적합한 운송수단
- 고도 450미터로 제한, 산지가 많은 우리나라 육지운항에 애로 예상
- 해수부 관련, 위그선박 고도 150미터 제한과 중복되어 법적인 정리 필요
- 해상 항공 택시 규정 마련 검토 필요, 1,000대 이상 운항시 해상 관제 필수
- 항공 택시 해양관광에 활용시 최적 해양관광 모델, 사업 면허 검토 필요
- 도심 해상 항공 택시 국산화 개발 지원 , 관제 플랫폼은 연구개발 자금 지원
- IMO 국제 해상 항공 택시 국제 기준을 선도, 해상항공 택시 수출 주력 산업선정

⇨ 해양수산부 해상항공택시 플랫폼 국가모델 창안

4. 선박관리 플랫폼 -----10대 플랫폼 제안

■ 선박관리 산업 협회에서 플랫폼 검토 중

- 선박 수리, 선박관리, 검사에 투입되는 비용이 많음
- 메인엔진, 발전기, 화물양적하용 파이프라인 등 다양한 수리 관리가 있음
- 하지만 공무감독, 수리조선소 직원용 플랫폼이 없음
- 선박관리 자료를 구할 수가 없음
- 우리나라 우수한 승선 경험 해기사, 선박관리에 탁월한 능력, 선박관리 위주로 발전
- 외국에는 선박관리 시스템을 구축하여 화재 감지 원격 모니터링, 원격 수리로 발전
- 미래 선박관리용 플랫폼 구축 필요
- 선박별 화재 감시 모니터링, 기관 원격 진단 수리, 사고 예측, 선박관리 자료 공유
- 선박관리 효율 향상, 공무감독 업무 경감, 외국 선박 유치

⇨ **정부 예산 지원하여 구축 가능**

5. 토론 플랫폼-----10대 플랫폼 제안

■ 해양수산조선 분야 종사자 상호 토론 플랫폼, 집단 지성, 브레인스토밍

- 바다공부모임에 약 1,000명 활동, 카톡 공유방, 원격강의, 토론
- 분야는 조선, 선박금융, 크루즈, 수산, 요트, 해양관광, 해운물류 등 다양
- 참여자는 각 분야 전문가 , 학생, 일반인 등 다양
- 다양한 정보 교환 등 토론방 역할 탁월, 강의자료는 책으로 발간
- 정부 예산 지원이 되면 미래 핵심 플랫폼으로 성장 가능
- 해양수산부 비영리법인 등록, 이수 인증서 발행, 기부자 영수증 발행 가능
- 일반인의 해양에 대한 인식 제고, 국민의 해양 지식 공유 증진

  기존 해양 종사자의 성장 지원

➡ 해양수산조선의 미래 싱크탱크

6. 사이버 세계 해사대학 플랫폼-----10대 플랫폼 제안

■ 사이버 세계 해사대학 플랫폼 구축, 한국 유치

- 해양수산조선환경 분야 강의
- 해운물류, 해양환경, 해운경영, 선박금융, 해양관광, 해양스포츠, 수산양식 등 가능
- 매년 세계 10만명 대학 졸업자 배출
- 부산에서 데이터 송출, 온라인 학교 운영, 플랫폼 필요
- IMO 교육 사무국 영도에 유치, 영도를 IMO 플랫폼 교육 중심지로 육성
- IMO와 한국 교육부, 외국 교육부 MOU체결, 대학 학력 인증
- 개발도상국가의 대학교육에 기여, 대한민국 국격 상승, 부산 관광객 유치
- 영도 해양산업 클러스트가 IMO 세계 해사대학의 캠퍼스
- 해양대학, KIOST, KMI, 해양수산연수원, 항만공사 전문가가 모두 교수화
- 전 세계에 영도의 빅데이터가 송출되고 한국기준으로 세계 기준이 표준화

⇨ 삼성SDS 공동개발 제안

7. 인공지능로봇 플랫폼-----10대 플랫폼 제안

■ 해양수산조선 분야 인공지능 로봇 플랫폼

- (미래) 작업 로봇이 나와서 특수분야 작업 투입, 구조구난 작업
- 이미 기술개발완성 단계, 챗 GPT능력 검증, 알파고의 능력, 로봇은 전쟁 투입
- 거칠고 위험한 해상환경을 극복하는 국산화 로봇 개발 지원, 통신, 원격조종 가능
- 작업 환경별,상황별 최적화된 작업 매뉴얼 개발하여 인공지능 로봇 지원
- 로봇 프로그램을 계속 업데이터 해주는 작업이 중요
- 해양수산부 미래 사업으로 지정하고, 인공지능 로봇 플랫폼 구축, 인재 양성
- 선점 사업이므로 먼저 시작해서 기술 주도권 확보
- 해양수산조선 분야 로봇 등록, 검사, 보험가입 등 전담 기구 필요

⇨ 해양수산부와 삼성SDS 공동개발 플랫폼 창안

8. 반려로봇 플랫폼-----10대 플랫폼 제안

■ 영감, 감정, 동기부여 인공지능 로봇 플랫폼,반려로봇,신바람 플랫폼, 미래 플랫폼

- 삼성이 부산에 인공지능 반려로봇 생산 거점, 매년 100만대 생산, 수출하자
- (시장) 고령화 및 1인 가구로 반려 시장이 초고속 성장 중
- (미래)기업 인공지능개발 중, 반려로봇 출현, 반려 견, 반려 묘 시장, 각 가정 구입
- 이미 기술개발완성 단계, 말하는 앵무새+ 챗 GPT+ 알파고+전쟁 로봇+소방 로봇
- 휴대폰 AI 개발------대반격 준비.....삼성 가우스...초연결+초지능+초융합
- 외국어 하는 반려 로봇, 등산 로봇, 청소 로봇, 카페 서비스 로봇 등 다양한 로봇 출시
- 10년 뒤 반려 로봇 엑스포개최, 반려 로봇 토크쇼, 코미디 대회 상상 가능
- " 지하철 출퇴근 시간 반려로봇 동행금지, 공원 반려로봇 달리기 금지" 포스트 부착
- BTS 처럼 대한민국 감성, 흥, 신바람을 플랫폼에 녹여 낼 수 있음
- 삼성의 기업문화는 우리의 신바람, 사기진작에 가장 근접한 문화
- 삼성의 공익 기업문화를 플랫폼으로 확장하면 세계 1위 플랫폼, 기업 매출 두세배증가

⇨ **삼성SDS 반려로봇 공동개발 제안**

영도가 최적지, 영도가 부산의 미래

■ 해저 케이블, 전기료 등 주변 인프라 최적

- 154,000 V 고전압, 해저 광 케이블 인접, 전기료가 저렴

■ 대학, KIOST, 해양진흥공사 등 해양산업클러스트

- 풍부한 전문가 POOL로 초기 사업 지원 가능

■ 해양수산조선 빅 데이터 플랫폼 진흥원 설립, IMO 빅 데이터 사무국 설립 유치제안

- 해양플랫폼 교육원, 연수원, 해양 데이터 평가원, 지적 재산 인증원 등 역할 수행
- 부산 빅 데이터 거래소, 빅 데이터 뱅크 설립 등
- IMO에 IMO BIG DATE PLATFORM 사무국 한국에 유치 제안

■ 부산광역시 해양수산조선 빅 데이터 플랫폼 산업 지원 조례 제정

⇨ 부산은 해양 빅 데이터 산업, 거점도시로 성장

(사)해양수산조선 디지털 플랫폼 산업 협회 창립 제안

■ 해양수산부, 부산시 비영리 법인으로 등록

- 삼성 SDS, NH투자증권, 항만공사, 해양진흥공사 등 회원 가입

■ 해양, 수산, 조선 분야 빅 데이터, 플랫폼 개발, 산업 지원

- 디지털 전문가 POOL 운영, 해수부 연구개발 자금 유치
- 해양 공공기관 디지털 경영평가 지원 및 평가 대행
- 청년 인턴 플랫폼 등 플랫폼 개발 및 운영 대행으로 공공기관 경영평가 1등 방안
- 중앙정부 디지털 플랫폼 위원회 참여, 국가 플랫폼 모델 제안, 전 분야 플랫폼 전환
- 삼성과 공동 플랫폼 개발 제안

■ 관련 법령 제, 개정, 정책 및 제도 연구 지원, 인재양성

- 해양수산부 플랫폼 지원 고시제정, 부산시 고시, 중앙정부 법 제개정

■ 부산광역시 해양 빅 데이터 기구, 공공기관 유치 홍보

⇨ **해양수산조선 실질적 플랫폼 싱크탱크 역할**

(사) 해양수산조선 디지털 플랫폼 산업 협회 참여 의향서

해양 경영 경험을 바탕으로 (사)해양 플랫폼 산업 협회의 설립 취지에 공감하여 참여하고자 합니다.

- 참여기관, 기업 :
- 대표자 :

이후 참고 목차

■ 디지털, 3법, 4법

- 공공 플랫폼 발전에 법이 가장 문제, 공무원이 움직일 수 있도록 법을 개정
- 미래 사이버 국가에 맞게 법 개정, 또는 제정

■ 국가 자격증 데이터 거래사---10만명 양성하자

■ 공공 플랫폼과 민간 플랫폼 비교

- 공공 플랫폼 전 세계에 성공 사례 없음, 대한민국이 제시하자

■ 우리나라 공공 플랫폼 발전 방안 제시

⇨ **법, 조례, 고시, 설계도 이미 10년 전 제안, 발표**

디지털 3,4법 --초기 법과 행정지원—성공 요인

■ (행안부) 공공 데이터의 제공 및 이용 활성화에 관한 법률

- 일명 공공 데이터법, 행정안전부, 공공 데이터 정책과
- 제14조, 성공 포상-----국민 참여 아직 없음

■ (행안부) 데이터 기반 행정 활성화에 관한 법률

- 일명 데이터 기반 행정법, 행정안전부, 공공 데이터 정책과

■ (과기정통부) 데이터 산업 진흥 및 이용촉진에 관한 기본법

- 일명 데이터 산업법, 과학기술정통부, 데이터진흥과
- 제23조 데이터 거래사 양성 지원----매우 제한적

■ (과기정통부) 클라우드 컴퓨팅 발전 및 이용자 보호에 관한 법률

- 일명 크라우드 컴퓨팅 발전법, 과기정통부 인터넷 진흥과
- 인재양성, 산업단지 조성, 통신시설 설비 지원, 해외 진출 지원

⇨ **파격보상, 데이터 거래사 10만명 양성**

킬러 공약 공식

(정가 : 20,000원)

발　행 : 2024년 3월 3일

발행처 : (주)섬개발
부산광역시 동래구 아시아드대로 164번길 16
청호파크빌라 503호
H.P. (010)2701-5569

계좌번호 : 농협 301-0338-3744-61

디자인 : 한글문화사

인쇄처 : 마린종합상사 TEL. (051)464-7786

ISBN : 979-11-86267-87-5